불자법요집

불자법요집

초판 발행	2016년 7월 7일
엮은이	하우 편집부
펴낸이	박민우
기획팀	송인성, 김선명, 박민하, 박종인
편집팀	박우진, 김영주, 김정아, 최미라
관리팀	임선희, 정철호, 김성언, 권주련
펴낸곳	(주)도서출판 하우
주소	춘천시 명동길 14-1(중앙로2가)
전화	(02)922-7090
팩스	(02)922-7092
홈페이지	http://www.hawoo.co.kr
e-mail	hawoo@hawoo.co.kr
등록번호	제475호

값 5,000원

ISBN 979-11-86610-68-8 93220

불자법요집

차 례

(제1장) 예 불
아침상단예불 ··· 8
반야심경 ··· 17
무 상 계 ·· 20
저녁상단예불 ··· 28

(제2장) 四九재의범
대 령 ·· 34

(제3장) 상단권공
천수경 및 상단불공 ·· 66

(제4장) 천도재의범
관음시식 ··· 104

※ 아미타경 ·· 148

제1장 예불(禮佛)

아침상단예불 (上壇禮佛)

◎ 다게 (茶偈)

저희지금 청정수로 감로다를 만들어서
삼보전에 올리오니 애민으로 받으시고
자비하신 원력으로 굽어살펴 주옵소서.
자비하신 원력으로 굽어살펴 주옵소서.
자비하신 원력으로 어여삐
굽어살펴 주옵소서.

茶偈

我今淸淨水 變爲甘露茶
奉獻三寶前 願垂哀納受
願垂哀納受 願垂慈悲哀納受

◎ 칠정례 (七頂禮)

지심귀명례 삼계도사 사생자부 시아본사 석가모니불
至心歸命禮 三界導師 四生慈父 是我本師 釋迦牟尼佛

지심귀명례 시방삼세 제망찰해 상주일체 불타야중
至心歸命禮 十方三世 帝網刹海 常住一切 佛陀耶衆

지심귀명례 시방삼세 제망찰해 상주일체 달마야중
至心歸命禮 十方三世 帝網刹海 常住一切 達磨耶衆

지심귀명례 대지문수사리보살 대행보현보살
至心歸命禮 大智文殊舍利菩薩 大行普賢菩薩

대비관세음보살 대원본존지장보살마하살
大悲觀世音菩薩 大願本尊地藏菩薩摩訶薩

지심귀명례 영산당시 수불부촉 십대제자 십육성 오백성
至心歸命禮 靈山當時 受佛附囑 十大第子 十六聖 五百聖

독수성 내지천이백제대아라한 무량자비성중
獨修聖 乃至千二百諸大阿羅漢 無量慈悲聖衆

지심귀명례 서건동진 급아해동 역대전등 제대조사
至心歸命禮 西乾東震 及我海東 歷代傳燈 諸大祖師

천하종사 일체미진수 제대선지식
天下宗師 一切微塵數 諸大善知識

지심귀명례 시방삼세 제망찰해 상주일체 승가야중
至心歸命禮 十方三世 帝網刹海 常住一切 僧伽耶衆

유원 무진삼보 대자대비 수아정례 명훈가피력
唯願 無盡三寶 大慈大悲 受我頂禮 冥薰加被力

원공법계 제중생 자타 일시성불도
願共法界 諸衆生 自他 一時成佛道

◎ 행선축원 (行禪祝願)

부처님께	조석으로	향과등불	올리옵고
삼보전에	귀의하여	공경예배	하옵나니
우리나라	태평하고	흉년난리	소멸하여
온세계가	평화로워	부처님법	퍼지이다
원하오니	이내몸이	세세생생	늘적마다
반야지혜	좋은인연	항상토록	함께하고
우리스승	세존처럼	용맹하신	뜻세우고
바로자나	여래같이	큰깨달음	이룬뒤에
문수사리	보살처럼	깊고밝은	큰지혜와
보현보살	본을받아	크고넓은	행원으로

朝夕香燈獻佛前　　歸依三寶禮金仙
國界安寧兵革消　　天下太平法輪轉
願我世世生生處　　常於般若不退轉
如彼本師勇猛智　　如彼舍那大覺果
如彼文殊大智慧　　如彼普賢廣大行

넓고넓어	끝이없는	지장보살	몸과같이
천수천안	관음보살	삼십이응	몸을나튀
시방삼세	넓은세계	두루돌아	다니면서
모든중생	제도하여	열반법에	들게할제
내이름을	듣는이는	삼악도를	벗어나고
내모양을	보는이는	생사번뇌	해탈하고
억천만겁	지나면서	이와같이	교화하여
부처님도	중생들도	모든차별	없어지이다.
시방삼세	시주님들	모든소원	이뤄지며
모든사람	행복하게	만수무강	하여지이다.
지금모인	대중들이	각각모두	복위하는
선망부모	제형숙백	왕생극락	하옵시며

如彼地藏無邊身　如彼觀音三二應
十方世界無不現　普令衆生入無爲
聞我名者免三途　見我形者得解脫
如是敎化恒沙劫　畢竟無佛及衆生
十方施主願成就　萬民咸樂住百年
時會大衆各伏爲　先亡父母往極樂

살아계신	은사육친	수명장수	하옵시고
온법계의	애혼고혼	삼도고해	벗어지이다.
산문도량	정숙하여	근심걱정	끊어지고
도량내의	대소재앙	길이길이	소멸되며
토지천룡	신장님들	삼보님을	호지하고
산신국사	호법신은	상서정기	드높이소서.
원하건대	모든생령	열반언덕	올라가고
세세생생	항상토록	보살도를	행하여서
구경에는	일체지를	원만하게	이뤄지이다.

마하반야바라밀

나무 석가모니불 나무 석가모니불

나무 시아본사 석가모니불

現存師親壽如海　　法界孤魂離苦趣
山門肅靜絶悲憂　　寺內災殃永消滅
土地天龍護三寶　　山神局司補頂祥
願共含靈登彼岸　　世世常行菩薩道
究竟圓成薩婆若　　摩訶般若波羅密
南無 釋迦牟尼佛 南無 釋迦牟尼佛
南無 是我本師 釋迦牟尼佛

이산혜연선사 발원문 (怡山慧然禪師 發願文)

시방삼세　부처님과　팔만사천　큰법보와
보살성문　스님들께　지성귀의　하옵나니
자비하신　원력으로　굽어살펴　주옵소서
저희들이　참된성품　등지옵고　무명속에
뛰어들어　나고죽는　물결따라　빛과소리
물이들고　심술궂고　욕심내어　온갖번뇌
쌓았으며　보고듣고　맛봄으로　한량없는
죄를지어　잘못된길　갈팡질팡　생사고해
헤매면서　나와남을　집착하고　그른길만
찾아다녀　여러생에　지은업장　크고작은
많은허물　삼보전에　원력빌어　일심참회
하옵나니　바라옵건대　부처님이　이끄시고
보살님네　살피옵서　고통바다　헤어나서
열반언덕　가사이다

이세상에　명과복은　길이길이　창성하고
오는세상　불법지혜　무럭무럭　자라나서
날적마다　좋은국토　밝은스승　만나오며
바른신심　굳게세고　아이로서　출가하여
귀와눈이　총명하고　말과뜻이　진실하며

세상일에	물안들고	청정범행	닦고닦아
서리같이	엄한계율	털끝인들	범하리까
점잖은	거동으로	모든생명	사랑하여
이내목숨	버리어도	지성으로	보호하리
삼재팔난	만나잖고	불법인연	구족하며
반야지혜	드러나고	보살마음	견고하여
제불정법	잘배워서	대승진리	깨달은뒤
육바라밀	행을닦아	아승지겁	뛰어넘고
곳곳마다	설법으로	천겁만겁	의심끊고
마군중을	항복받고	삼보를	뵙사올제
시방제불	섬기는일	잠깐인들	쉬오리까
온갖법문	다배워서	모두통달	하옵거든
복과지혜	함께늘어	무량중생	지도하며
여섯가지	신통얻고	무생법인	이룬뒤에
관음보살	대자비로	시방법계	다니면서
보현보살	행원으로	많은중생	건지올제
여러갈래	몸을나눠	미묘법문	연설하고
지옥아귀	나쁜곳엔	광명놓고	신통보여
내모양을	보는이나	내이름을	듣는이는
보리마음	모두내어	윤회고를	벗어나서

화탕지옥	끓는물은	감로수로	변해지고
검수도산	날선칼날	연꽃으로	화하여서
고통받던	저중생들	극락세계	왕생하며
나는새와	기는짐승	원수맺고	빚진이들
갖은고통	벗어나서	좋은복락	누려지다
모진질병	돌적에는	약품되어	치료하고
흉년드는	세상에는	쌀이되어	구제하되
여러중생	이익한일	한가진들	빼오리까.
천겁만겁	내려오던	원수거나	친한이나
이세상의	권속들도	누구누구	할것없이
얽히었던	애정끊고	삼계고해	뛰어나서
시방세계	중생들이	모두성불	하사이다.
허공끝이	있사온들	이내소원	다하리까
유정들도	무정들도	일체종지	이루어지이다.

마하반야바라밀

나무 석가모니불

나무 석가모니불

나무 시아본사 석가모니불

반야심경(般若心經)

마하반야바라밀다심경

관자재보살이 깊은 반야바라밀다를 행할 때, 오온이 공한 것을 비추어 보고 온갖 고통에서 건너느니라.
사리자여! 색이 공과 다르지 않고 공이 색과 다르지 않으며, 색이 곧 공이요 공이 곧 색이니, 수 상 행 식도 그러하니라.
사리자여! 모든 법은 공하여 나지도 멸하지도 않으며, 더럽지도 깨끗하지도 않으며, 늘지도 줄지도 않느니라.
그러므로 공 가운데는 색이 없고 수 상 행 식도 없으며, 안 이 비 설 신 의도 없고, 색 성 향 미 촉 법도 없으며, 눈의 경계도 의식의 경계까지도 없고, 무명도 무명이 다함까지도 없으며, 늙고 죽음도 늙고 죽음이 다함까지도 없고, 고 집 멸 도도 없으며, 지혜도 얻음도 없느니라.
얻을 것이 없는 까닭에 보살은 반야바라밀다를 의지하므로 마음에 걸림이 없고 걸림이 없으므로 두려움이 없어서, 뒤바뀐 헛된 생각을 멀리 떠나 완전한 열반에 들어가며, 삼세의 모든 부처님도 반야바라밀다를 의지하므로 최상의 깨달음을 얻느니라.

반야바라밀다는 가장 신비하고 밝은 주문이며 위없는 주문이며 무엇과도 견줄 수 없는 주문이니, 온갖 괴로움을 없애고 진실하여 허망하지 않음을 알지니라.
이제 반야바라밀다주를 말하리라.
아제아제 바라아제 바라승아제 모지 사바하 (3번)

摩訶般若波羅蜜多心經
觀自在菩薩　行深般若波羅蜜多時
照見五蘊皆空　度一切苦厄
舍利子　色不異空　空不異色　色卽是空
空卽是色　受想行識　亦復如是
舍利子　是諸法空相　不生不滅　不垢不淨
不增不減　是故　空中無色　無受想行識
無眼耳鼻舌身意　無色聲香味觸法　無眼界
乃至　無意識界　無無明　亦無無明盡　乃至
無老死　亦無老死盡　無苦集滅道　無智　亦無得
以無所得故　菩提薩埵　依般若波羅蜜多故
心無罣碍　無罣碍故　無有恐怖　遠離顚倒夢想
究竟涅槃　三世諸佛　依般若波羅蜜多
故得阿耨多羅三藐三菩提　故知般若波羅密多
是大神呪　是大明呪　是無上呪　是無等等呪
能除一切苦　眞實不虛
故說般若波羅密多呪　卽說呪曰
揭諦揭諦　波羅揭諦　波羅僧揭諦　菩提　娑婆訶

입 정

개경게 (開經偈)

높고 깊은 부처님 법 만나옵기 어렵건만
제가 이제 받아지녀 참된 의미 깨치리다.

> **開經偈**
>
> 無上甚深微妙法　百千萬劫難遭遇
> 我今聞見得受持　願解如來眞實義

개법장진언 (開法藏眞言)

옴 아라남 아라다 (3번)

◎ 무상계 (無常戒)

무상계는	열반세계	들어가는	문이되고
생사고해	건너가는	자비로운	배입니다.
부처님도	이계로써	대열반에	드시옵고
중생들도	이계로써	생사고해	건너가니
영가시여	그대들은	오늘날에	이르러서
눈귀코혀	몸과뜻과	색과소리	냄새와맛
접촉대상	인식대상	그모든것	벗어나서
신령스런	맑은식이	오롯하게	드러나서
부처님의	한이없는	청정계를	받게되니
이얼마나	다행하고	기쁜일이	아닙니까.
영가시여	때가되면	세계가다	무너지고
수미산과	큰바다도	모두말라	없어지니

夫 無常戒者 入涅槃之要門 越苦海之慈航
是故 一切諸佛 因此戒故 而入涅槃 一切衆生
因此戒故 而度苦海 靈駕 汝今日 逈脫根塵
靈識獨露 受佛無上淨戒 何幸如也
靈駕 劫火洞燃 大千俱壞 須彌巨海 磨滅無餘

하물며	이몸뚱이	그대로	있으리요
생로병사	근심고뇌	그칠새가	없사오니
영가시여	머리털과	손톱발톱	이빨들과
가죽과살	힘줄과뼈	두개골과	이몸뚱이
굳은것은	모두가다	흙으로써	돌아가고
침과눈물	고름과피	진액과땀	가래눈물
모든정액	대소변은	모두물로	돌아가고
내몸속의	더운기운	모두불로	돌아가고
움직이는	동작들은	바람으로	들아가서
네요소가	각각서로	흩어지게	되옵나니
오늘날의	영가몸이	그어디에	있으리요
영가시여	네요소가	허망하고	거짓이니
사랑하고	아낄것이	그하나도	없습니다.

何況此身 生老病死 憂悲苦惱 能與遠違
靈駕 髮毛爪齒 皮肉筋骨 髓腦垢色
皆歸於地 唾涕膿血 津液涎沫 痰淚精氣
大小便利 皆歸於水 煖氣歸火 動轉歸風
四大各離 今日亡身 當在何處

○○영가시여,

끝이없는	옛날부터	오늘날에	이르도록
무명으로	말미암아	식이	있게되고
식으로	말미암아	명색이	있게되고
명색으로	말미암아	육입이	있게되고
육입으로	말미암아	접촉이	있게되고
접촉으로	말미암아	느낌이	있게되고
느낌으로	말미암아	애착이	있게되고
애착으로	말미암아	취함이	있게되고
취함으로	말미암아	있음이	있게되고
있음으로	말미암아	태어남이	있게되고
태어남을	말미암아	늙고죽음	근심걱정
괴로움이	있습니다.		

靈駕 四大虛假 非可愛惜 汝從無始已來
至于今日 無明緣行 行緣識 識緣名色
名色緣六入 六入緣觸 觸緣受 受緣愛
愛緣取 取緣有 有緣生 生緣老死憂悲苦惱

무명이	없어지면	행이또한	없어지고
행이	없어지면	식이또한	없어지고
식이	없어지면	명색또한	없어지고
명색이	없어지면	육입또한	없어지고
육입이	없어지면	접촉또한	없어지고
접촉이	없어지면	느낌또한	없어지고
느낌이	없어지면	애착또한	없어지고
애착이	없어지면	취함또한	없어지고
취함이	없어지면	있음또한	없어지고
있음이	없어지면	태어남이	없어지고
태어남이	없어지면	늙고죽음	없어지고
근심걱정	괴로움도	모두모두	없어지고

無明滅卽 行滅 行滅則 識滅
識滅則 名色滅 名色滅則 六入滅
六入滅則 觸滅 觸滅則 受滅
受滅則 愛滅 愛滅則 取滅
取滅則 有滅 有滅則 生滅
生滅則 老死憂悲苦惱滅

모든것은	본래항상	고요한	모습이니
불자들이	이이치를	깨닫고서	수행하면
오는세상	틀림없이	부처님이	되오리다.
모든것은	무상하여	나고죽는	법이오니
태어나고	죽는것이	모두다	사라지면
고요한	대열반의	즐거움을	누리리다.
거룩하신	부처님께	목숨바쳐	의지하고
거룩하신	가르침에	목숨바쳐	의지하고
거룩하신	스님들께	목숨바쳐	의지하고

과거의 보승여래 응공 정변지 명행족 선서 세간해
무상사 조어장부 천인사 불세존께 목숨바쳐 절합니다.

諸法從本來 常自寂滅相
佛子行道已 來世得作佛
諸行無常 是生滅法 生滅滅已 寂滅爲樂
歸依佛陀戒 歸依達磨戒 歸依僧伽戒
南無過去寶勝如來 應供 正邊知 明行足 善逝
世間解 無上士 調御丈夫 天人師 佛 世尊

영가시여,　오온의　　껍데기를　벗어나고
신령스런　맑은식이　오롯하게　드러나서
부처님의　위없는　　청정계를　받게되니
이 어찌　 상쾌하고　기쁘지　　않으리요.
천당극락　불국토에　마음대로　가시나니
상쾌하고　좋을시고　상쾌하고　좋을시고

서쪽에서　오신조사　그뜻이　　당당하여
내마음을　맑게하니　본성이　　고향이라
묘한본체　맑고밝아　머무는곳　없사오니
산과물과　온대지가　참다운빛　드러내네.

靈駕　脫却五陰殼漏子　靈識獨露
受佛無上淨戒　豈不快哉　豈不快哉
天堂佛刹　隨念往生　快活快活
西來祖意最堂堂　自淨其心性本鄉
妙體湛然無處所　山河大地現眞光

◉ 바라밀염송 (二十一번)

나무삼세불모 성취만법 무애위덕 마하반야바라밀…
南無三世佛母 成就萬法 無碍威德 摩訶半夜波羅蜜

◉ 탄백

저희들이 지은바 이 공덕이 일체의 중생들의 공덕이 되어 모든 중생 빠짐없이 성불하옵고 위없는 불국토를 이뤄지이다.

◉ 지장보살염송

나무 남방화주 대원본존 지장보살
南無 南方化主 大願本尊 地藏菩薩

멸정업진언

옴 바라 마니다니 사바하 (3번)

◉ 탄백

지장보살마하살 크신위신력 항하사겁인들 어찌만나리 일념동안우러르고 예배한대도 그 공덕하늘땅에 짝이 없어라

마하반야바라밀정근

나무 삼세불모 성취만법 무애위덕 마하반야바라밀…

◎ 탄백

저희들이 지은바 이 공덕이 일체의 중생들의 공덕이 되어 모든 중생 빠짐없이 성불하옵고 위없는 불국토를 이뤄지이다.

석가모니불정근

①나무 삼계도사 사생자부 시아본사 석가모니불…
②나무 영산불멸 학수쌍존 시아본사 석가모니불…

◎ 탄백

빛나올사 거룩하신 석가모니불 시방세계 무엇으로 견주어보리 이세상 모든 것을 다보았진 부처님만 하온어른 다시없어라 누가있어 세계먼지 모두를 세고 가없는 바닷물을 모두 마시며 허공을 헤아리고 바람잡아도 임의공덕 그 모두는 측량못하리

저녁상단예불

◎ 오분향례 (五分香禮)

지계향을   올리옵고   선정향을   올리오며
지혜향을   올리옵고   해탈향을   올리오며
해탈지견향을 올립니다.
청정도량   광명구름   온법계에   두루비춰
시방세계   한량없는   삼보전에   올립니다.

> **五分香禮**
>
> 戒香 定香 慧香 解脫香 解脫知見香
> 光明雲臺周遍法界
> 供養十方無量佛法僧

헌향진언 (獻香眞言)

옴 바아라 도비야 훔 (3번)

◎ 칠정례 (七項禮)

지심귀명례 삼계도사 사생자부 시아본사 석가모니불
至心歸命禮 三界導師 四生慈父 是我本師 釋迦牟尼佛

지심귀명례 시방삼세 제망찰해 상주일체 불타야중
至心歸命禮 十方三世 帝網刹海 常住一切 佛陀耶衆

지심귀명례 시방삼세 제망찰해 상주일체 달마야중
至心歸命禮 十方三世 帝網刹海 常住一切 達磨耶衆

지심귀명례 대지문수사리보살 대행보현보살
至心歸命禮 大智文殊舍利菩薩 大行普賢菩薩

대비관세음보살 대원본존지장보살마하살
大悲觀世音菩薩 大願本尊地藏菩薩摩詞薩

지심귀명례 영산당시 수불부촉 십대제자 십육성 오백성
至心歸命禮 靈山當時 受佛附囑 十大第子 十六聖 五百聖

독수성 내지천이백제대아라한 무량자비성중
獨修聖 乃至千二百諸大阿羅漢 無量慈悲聖衆

지심귀명례 서건동진 급아해동 역대전등 제대조사
至心歸命禮 西乾東震 及我海東 歷代傳燈 諸大祖師

천하종사 일체미진수 제대선지식
天下宗師 一切微塵數 諸大善知識

지심귀명례 시방삼세 제망찰해 상주일체 승가야중
至心歸命禮 十方三世 帝網刹海 常住一切 僧伽耶衆

유원 무진삼보 대자대비 수아정례 명훈가피력
唯願 無盡三寶 大慈大悲 受我頂禮 冥熏加被力

원공법계 제중생 자타 일시성불도
願共法界 諸衆生 自他 一時成佛道

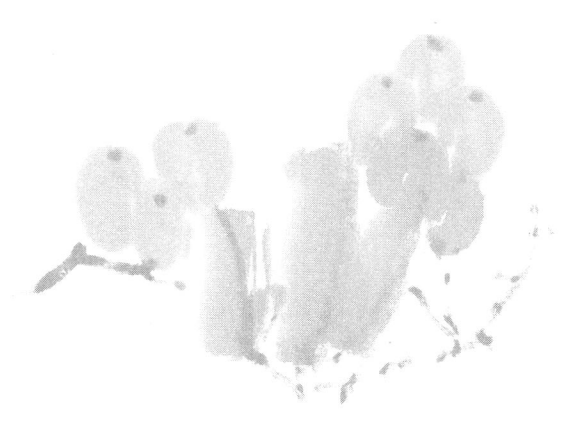

반야심경(般若心經)

마하반야바라밀다심경

관자재보살이 깊은 반야바라밀다를 행할 때, 오온이 공한 것을 비추어 보고 온갖 고통에서 건너느니라.

사리자여! 색이 공과 다르지 않고 공이 색과 다르지 않으며, 색이 곧 공이요 공이 곧 색이니, 수 상 행 식도 그러하니라.

사리자여! 모든 법은 공하여 나지도 멸하지도 않으며, 더럽지도 깨끗하지도 않으며, 늘지도 줄지도 않느니라.

그러므로 공 가운데는 색이 없고 수 상 행 식도 없으며, 안 이 비 설 신 의도 없고, 색 성 향 미 촉 법도 없으며, 눈의 경계도 의식의 경계까지도 없고, 무명도 무명이 다함까지도 없으며, 늙고 죽음도 늙고 죽음이 다함까지도 없고, 고 집 멸 도도 없으며, 지혜도 얻음도 없느니라.

얻을 것이 없는 까닭에 보살은 반야바라밀다를 의지하므로 마음에 걸림이 없고 걸림이 없으므로 두려움이 없어서, 뒤바뀐 헛된 생각을 멀리 떠나 완전한 열반에 들어가며, 삼세의 모든 부처님도 반야바라밀다를 의지하므로 최상의 깨달음을 얻느니라.

반야바라밀다는 가장 신비하고 밝은 주문이며 위없는 주문이며 무엇과도 견줄 수 없는 주문이니, 온갖 괴로움을 없애고 진실하여 허망하지 않음을 알지니라.
이제 반야바라밀다주를 말하리라.
아제아제 바라아제 바라승아제 모지 사바하 (3번)

摩訶般若波羅蜜多心經
觀自在菩薩　行深般若波羅蜜多時
照見五蘊皆空　度一切苦厄
舍利子　色不異空　空不異色　色卽是空
空卽是色　受想行識　亦復如是
舍利子　是諸法空相　不生不滅　不垢不淨
不增不減　是故　空中無色　無受想行識
無眼耳鼻舌身意　無色聲香味觸法　無眼界
乃至　無意識界　無無明　亦無無明盡　乃至
無老死　亦無老死盡　無苦集滅道　無智　亦無得
以無所得故　菩提薩埵　依般若波羅蜜多故
心無罣碍　無罣碍故　無有恐怖　遠離顚倒夢想
究竟涅槃　三世諸佛　依般若波羅蜜多
故得阿耨多羅三藐三菩提　故知般若波羅蜜多
是大神呪　是大明呪　是無上呪　是無等等呪
能除一切苦　眞實不虛
故說般若波羅蜜多呪　卽說呪曰
揭諦揭諦　波羅揭諦　波羅僧揭諦　菩提　娑婆訶

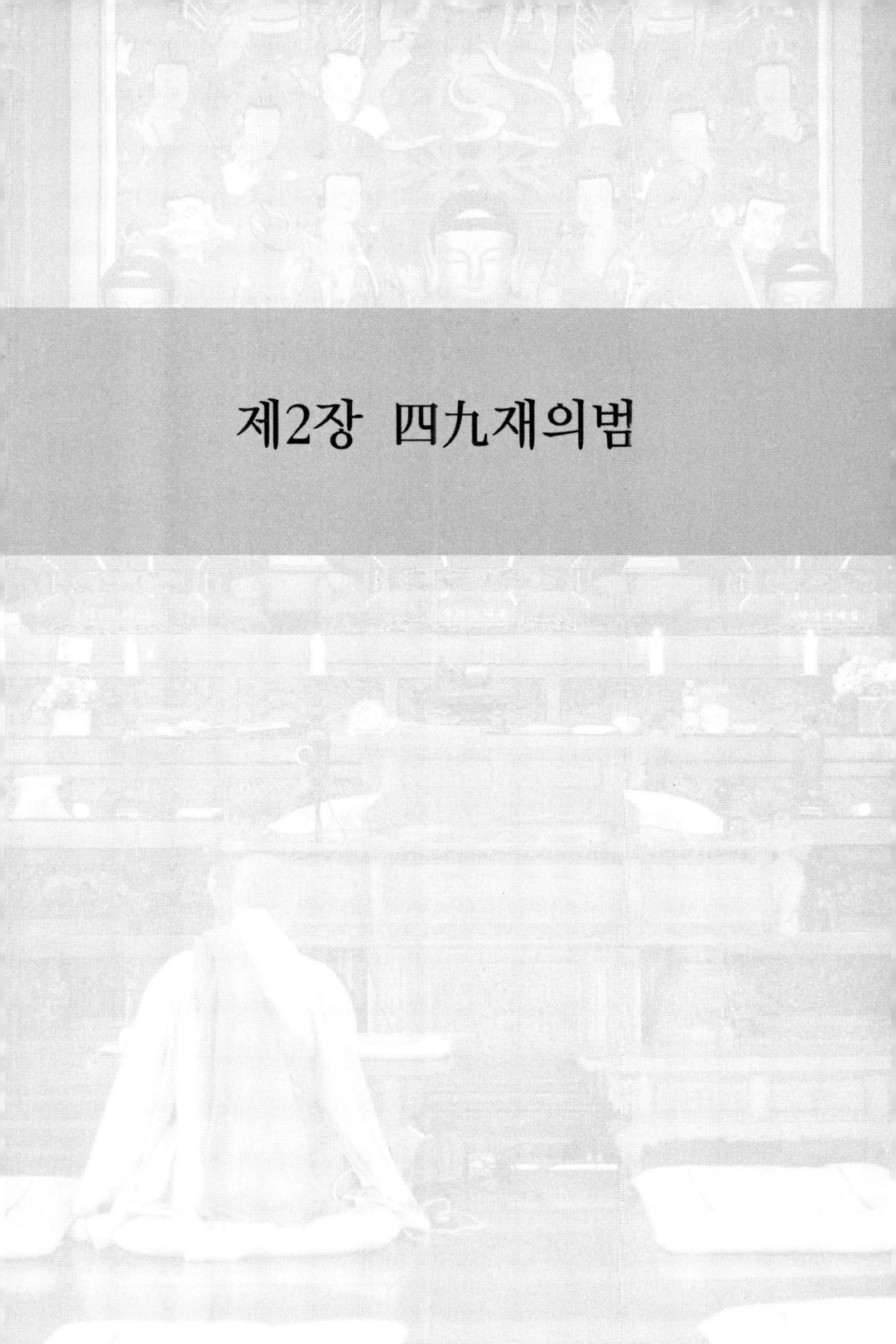

제2장 四九齋의 범

대령 (對靈)

◎ 거불 (擧佛)

나무 극락도사 아미타불
南無 極樂導師 阿彌陀佛

나무 관음세지 양대보살
南無 觀音勢至 兩大菩薩

나무 대성인로왕보살
南無 大聲引路王菩薩

◎ 대령소 (對靈疏)

들자오니, 생사의 어두운 길은 부처님의 지혜등불을 의지해야 밝힐 수 있고, 파랑이 깊은 고통 바다는 법의 배를 의지해야만 건널 수 있으며, 진리를 깨닫지 못한 채 사생육도에서 헤매고 있는 중생들의 삶은 갈 곳 몰라 이곳 저곳 헤매는 개미와 같고 삼도팔난에서 제멋대로 마음을 씀은 고치 속에 갇혀 속박된 누에와 같습니다.
아! 마음이 아픕니다. 예로부터 지금까지 거듭되는 생사를, 마음의 근원을 깨닫지 못하고서 어찌 면할 수 있겠습니까? 부처님의 힘에 의지하지 않고서 벗어날 수 없습니다.

盖聞 生死路暗 憑佛燭而可明 苦海波深
仗法船而可渡 四生六道 迷眞則 似蟻巡環
八難三途 恣情則 如蠶處繭 傷嗟生死 從古至今
未悟心源 那能免矣 非憑佛力 難可超昇

오늘 사바세계 남섬부주 대한민국
[사찰 주소 ○○산 ○○사] 청정수월도량에서
지극한 마음으로 [재자의 주소]에 거주하는
생전에 모시던 [직계 가족들 이름] 등은
먼저 가신 불자 [법명 본명] 영가의 49재를 맞이하여
불자 [법명 본명] 영가의 천도를 위해,

바람은 고요하고 밝디밝은 오늘, 향불과 꽃과 공양 차려놓고 청하옵니다. 일심으로 대성인로왕보살마하살님께 귀명례하며 청하나이다. 위에 엎드려 청한 영가들이 부디 한 생각 어둡지 말고 마음의 근원 명백히 하여 이 도량에 돌아와서 재공양의 공덕을 흠뻑 받으시고 오랜 원한과 묵은 빚을 단박에 없애고 정각의 깨달음을 바로 증득하게 하소서.

불기 [○○○○년 ○월 ○일] 병법사문 [소를 읽는 스님의 법명] 삼가 아룁니다.

娑婆世界 此四天下 南贍部洲 東洋 大韓民國
某處 某山 某寺 清淨水月道場 今此至誠
第當 四十九日齋 薦靈 對靈齋者 某處居住
某人伏爲 某人靈駕 以此因緣功德 當生淨刹之願
今則 天風肅靜 白日明明(夜漏沈沈)
專列香花 以伸迎請
南無 一心奉請 大聖引路王菩薩摩訶薩 右伏以
一靈不昧 八識分明 歸居道場 領霑功德
陳寃宿債 應念頓消 正覺菩提 隨心便證
佛紀 年 月 日 秉法沙門 ○○謹疏

◉ 청혼

금일 이 땅 하직한지 49일 재일을 당하여

지성다한 마음으로 조촐한 재단을 차려놓고

영가를 청하노라

◉ 창혼 (唱魂)

오늘 사바세계 남섬부주 대한민국

[**사찰 주소** ○○산 ○○사] 수월도량에서

지극한 마음으로 [**재자의 주소**]에 거주하는

생전에 모시던 [**직계 가족들 이름**] 등은 엎드려 부르오니

먼저 가신 불자 [**법명 본명**] 영가시여,

唱魂

據 娑婆世界 此四天下 南贍部洲 東洋 大韓民國
某處 某山 某寺 淸淨水月道場 今此至誠
第當 第當 某日 之辰 對靈齋者 某處居住
某人伏爲 今日所薦 ○○○靈駕

영가를 위시하여 지난 세상에 먼저 돌아가신 부모,
다생의 스승님, 가깝고 먼 친척 등
여러 영가와 이 도량 안과 밖의 영가, 윗대와 아랫대,
주인있고 주인 없는 외로운 영혼을 비롯한
각각의 모든 영가시여.

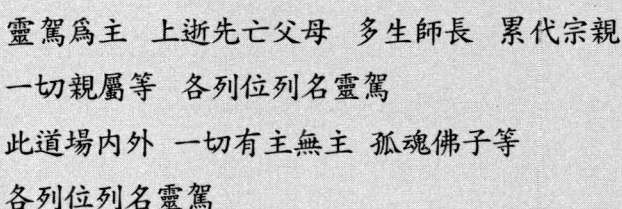

靈駕爲主　上逝先亡父母　多生師長　累代宗親
一切親屬等　各列位列名靈駕
此道場內外　一切有主無主　孤魂佛子等
各列位列名靈駕

◎ 착어 (着語)

금일, 영가시여,

난다지만 본래 태어남 없었고

죽는 거란 본래 있지 않았네.

나고 죽음 본래부터 헛된 것이라

실상만이 영원토록 항상 하느니.

○○영가시여~

생멸 없는 이 한 구절을 아시겠습니까?

着語

今日靈駕

生本無生 滅本無滅 生滅本虛 實相常住

○○○靈駕 還會得 無生滅底 一句麼

(묵묵히 있다가)

굽어보나 우러르나 숨은 뜻은 끝이 없는데
보거나 듣거나 그 진리는 분명하구나.
이 도리를 깨닫는다면
단박에 법신을 증득하여서
길이길이 굶주림을 벗을 것이나
만일에 그렇지 못하다면
부처님의 신비한 법 받아들이고
부처님법 가피력에 의지하여서
이 향단에 강림하사 공양을 받으시고
무생법인 큰 깨달음 증득하소서.

(良久)
俯仰隱玄玄 視聽明歷歷
若也會得 頓證法身 永滅飢虛
基或未然 承佛神力 仗法加持
赴此香壇 受我妙供 證悟無生

진령게 (振鈴偈)

요령 울려 두루 청하오니
오늘 오신 영가들은 듣고 아시고
삼보님의 가피력에 의지하여서
오늘의 이 법회에 어서 오소서.

振鈴偈

以此振鈴伸召請
今日靈駕普聞知
願承三寶力加持
今日今時來赴會

보소청진언 (普召請眞言)

나무 보보제리 가리다리 다타 아다야 (3번)

향연청 (香煙請)

향연청 (3번)

세상인연　　다하여서　　죽음이르니
번개같은　　인생이라　　한판 꿈이라
아득해라　　삼혼이여　　어디로 가고
망망해라　　칠백이여　　멀리 떠났네.

諸靈限盡致身亡
石火光陰夢一場
三魂杳杳歸何處
七魄茫茫去遠鄉

수위안좌진언

옴 마니 군다니 훔훔 사바하 (3번)

○○○영가시여,
이제 정성 들인 청함을 받고
정결한 이 향단에 내려왔으니
온갖 인연 다 놓아버리고
정성어린 이 공양을 받으십시오.

○○○靈駕
旣受虔請 已降香壇
放捨諸緣 俯欽斯奠

○○○영가시여,

한 줄기의 맑은 향은 영가의 본모습이며

촛불 밝힘은 영가가 눈을 뜨는 좋은 기회입니다.

먼저 조주 스님 맑은 차 드리고

이어 향적세계 공양 올리오니,

어찌 이 차와 음식 보고 눈을 뜨지 못하리오?

(잠시 후)

굽어보나 우러르나 숨을 곳 없어

흰 구름은 맑은 하늘 두둥실 떠가고

맑은 물은 병 속에서 그대로 맑다.

○○○靈駕
一炷淸香 正是靈駕 本來面目 數點明燈
正是靈駕 着眼時節 先獻趙州茶
後進香積饌 於此物物 還着眼麽
(良久)
低頭仰面無藏處 雲在靑天水在甁

관욕 (灌浴)

◎ 인예향욕 (引詣香浴)

금일 천도하는 ○○○영가를 위시하여 여러 불자이시여, 지금까지 부처님과 부처님 가르침과 삼보님의 위신력으로 인간계의 모든 사람과 영가들과 외로운 영혼들을 두루 청하여 지금 이 도량에 함께 오셨습니다. 대중들이 바라와 요령을 울리오니 향기로운 욕실로 들어가소서.

引詣香浴

今日 所薦 ○○○靈駕等 諸佛子
上來已憑 佛力法力 三寶威神之力
召請人道 一切人倫 及 無主孤魂
有情等衆 已居道場 大衆聲鈸 請迎赴浴

반야심경 (般若心經)

마하반야바라밀다심경

관자재보살이 깊은 반야바라밀다를 행할 때, 오온이 공한 것을 비추어 보고 온갖 고통에서 건너느니라.

사리자여! 색이 공과 다르지 않고 공이 색과 다르지 않으며, 색이 곧 공이요 공이 곧 색이니, 수 상 행 식도 그러하니라.

사리자여! 모든 법은 공하여 나지도 멸하지도 않으며, 더럽지도 깨끗하지도 않으며, 늘지도 줄지도 않느니라.

그러므로 공 가운데는 색이 없고 수 상 행 식도 없으며, 안 이 비 설 신 의도 없고, 색 성 향 미 촉 법도 없으며, 눈의 경계도 의식의 경계까지도 없고, 무명도 무명이 다함까지도 없으며, 늙고 죽음도 늙고 죽음이 다함까지도 없고, 고 집 멸 도도 없으며, 지혜도 얻음도 없느니라.

얻을 것이 없는 까닭에 보살은 반야바라밀다를 의지하므로 마음에 걸림이 없고 걸림이 없으므로 두려움이 없어서, 뒤바뀐 헛된 생각을 멀리 떠나 완전한 열반에 들어가며, 삼세의 모든 부처님도 반야바라밀다를 의지하므로 최상의 깨달음을 얻느니라.

반야바라밀다는 가장 신비하고 밝은 주문이며 위없는 주문이며 무엇과도 견줄 수 없는 주문이니, 온갖 괴로움을 없애고 진실하여 허망하지 않음을 알지니라.
이제 반야바라밀다주를 말하리라.
아제아제 바라아제 바라승아제 모지 사바하 (3번)

摩訶般若波羅蜜多心經
觀自在菩薩 行深般若波羅蜜多時
照見五蘊皆空 度一切苦厄
舍利子 色不異空 空不異色 色卽是空
空卽是色 受想行識 亦復如是
舍利子 是諸法空相 不生不滅 不垢不淨
不增不減 是故 空中無色 無受想行識
無眼耳鼻舌身意 無色聲香味觸法 無眼界
乃至 無意識界 無無明 亦無無明盡 乃至
無老死 亦無老死盡 無苦集滅道 無智 亦無得
以無所得故 菩提薩埵 依般若波羅蜜多故
心無罣碍 無罣碍故 無有恐怖 遠離顚倒夢想
究竟涅槃 三世諸佛 依般若波羅蜜多
故得阿耨多羅三藐三菩提 故知般若波羅密多
是大神呪 是大明呪 是無上呪 是無等等呪
能除一切苦 眞實不虛
故說般若波羅密多呪 卽說呪曰
揭諦揭諦 波羅揭諦 波羅僧揭諦 菩提 娑婆訶

신묘장구대다라니 (神妙章句大陀羅尼)

나모라 다나다라 야야 나막알약 바로기제 새바라야 모지사다바야 마하 사다바야 마하가로 니가야 옴살바 바예수 다라나 가라야 다사명 나막 가리다바 이맘 알야 바로기제 새바라 다바 니라간타 나막 하리나야 마발다 이사미 살발타 사다남 수반 아예염 살바보다남 바바마라 미수다감 다냐타 옴 아로계 아로가 마지로가 지가란제 혜혜하례 마하모지 사다바 사마라 사마라 하리나야 구로구로 갈마 사다야 사다야 도로도로 미연제 마하 미연제 다라다라 다린 나례 새바라 자라자라 마라 미마라 아마라 몰제 예혜혜 로계 새바라 라아 미사미 나사야 나베 사미사미 나사야 모하자라 미사미 나사야 호로 호로 마라호로 하례 바나마나바 사라사라 시리시리 소로소로 못자못자 모다야 모다야 매다리야 니라간타 가마사 날사남 바라 하라나야 마낙 사바하 싯다야 사바하 마하 싯다야 사바하 싯다 유예 새바라야 사바하 니라간타야 사바하 바라하 목카싱하 목카야 사바하 바나마 하따야 사바하 자가라 욕타야 사바하 상카섭나녜 모다나야 사바하 마하라 구타다라야 사바하 바마사간타 이사 시체타 가릿나 이나야 사바하 먀가라잘마 이바 사나야 사바하
『나모라 다나다라 야야 나막알야 바로기제 새바라야 사바하』(3번)

의상조사 법성게 (義相祖師法性偈)

법의성품	원융하여	두 모습이	본래 없고
모든 법은	부동하여	본래부터	고요하며
이름 없고	모습 없어	모든 것이	끊어졌고
증지소지	깨달음은	다른 경계	아니로다.
참된 성품	깊고 깊어	미묘하고	지극하여
자기성품	지키잖고	연을 따라	이루었네.
하나 속에	일체이고	일체 속에	하나이며
하나 바로	일체이고	일체 바로	하나이네.
작은 티끌	하나 속에	시방 세계	머금었고
일체 모든	티끌 속에	하나하나	그러하네.

義相祖師法性偈

法性圓融無二相　諸法不動本來寂
無名無相絶一切　證智所知非餘境
眞性甚深極微妙　不守自性隨緣成
一中一切多中一　一卽一切多卽一
一微塵中含十方　一切塵中亦如是

한량없은	오랜 시간	찰나 생각	다름 없고
찰나 순간	한 생각이	한량없는	시간이니
구세십세	서로 겹쳐	어우러져	돌아가도
혼란하지	아니하고	따로따로	이뤄졌네.
초발심의	그 순간에	바른 깨침	바로 얻고
생과 죽음	열반세계	항상 서로	함께하네.
이치 현상	명연하여	분별할 수	없음이나
열 부처님	보현보살	대상인의	경계일세.
부처님의	해인삼매	자재하게	들어가서
불가사의	여의주를	마음대로	들어내니

無量遠劫卽一念　一念卽是無量劫
九世十世互相卽　仍不雜亂隔別成
初發心時便正覺　生死涅槃常共和
理事冥然無分別　十佛普賢大人境
能仁海印三昧中　繁出如意不思議

중생 위한 보배비가 온 허공에 가득하여
중생들은 그릇대로 모두 이익 얻게 되네.
그러므로 수행자가 본래자리 돌아갈 제
망상심을 쉬잖으면 그 자리에 못 가리니
분별 없는 좋은 방편 마음대로 구사하고
본래 집에 돌아갈 제 분수 따라 자량 얻네.
신령스런 다라니의 한량없는 보배로써
온 법계를 장엄하여 보배궁전 이루어져
진여실상 중도 자리 오롯하게 앉았으니
옛 적부터 동함 없이 부처라고 이름하네.

雨寶益生滿虛空　衆生隨器得利益
是故行者還本際　叵息妄想必不得
無緣善巧捉如意　歸家隨分得資糧
以陀羅尼無盡寶　莊嚴法界實寶殿
窮坐實際中道床　舊來不動名爲佛

정로진언 (淨露眞言)

옴 소싯지 나자리다라 나자리다라 모라다예
자라자라 만다만다 하나하나 훔 바탁 (3번)

◎ 입실게 (入室偈)

단 한 번의   본래 마음   등진 때부터
삼도사생   그 얼마나   윤회했던가.
오늘에야   물든 번뇌   씻어 없애니
인연 따라   고향으로   돌아가소서.

入室偈

一從違背本心王
幾入三途歷四生
今日滌除煩惱染
隨緣依舊自還鄉

🌸 가지조욕 (加持操浴)

금일 천도하는 ○○○영가를 위시하여 여러 불자이시여,

상세히 살피면, 삼업을 닦는 데는 마음 맑힘 으뜸이요,

만물을 씻는 데는 맑은 물이 으뜸입니다.

이제 삼가 욕실을 장엄하여 특별히 향탕을 준비하였으니,

마음에 물든 때를 단번에 씻으시고,

수만 겁 동안 영원토록 청정 자유 누리소서.

만 겁 동안 영원토록 청정 자유 누리소서.

아래에 있는 목욕 게송을 대중은 따라하십시오.

加持操浴

今日所薦 ○○○靈駕 等 諸佛子
詳夫 淨 三業者 無越乎澄心 潔 萬物者
莫過乎淸水 是以 謹嚴浴室 特備香湯
希 一濯於塵勞 獲 萬劫之淸淨
下有沐浴之偈 大衆隨言後和

목욕게 (沐浴偈)

제가 이제   향기로운   목욕물로
고혼들과   중생들을   목욕시키니
몸과 마음   잘 닦아서   청정해지고
참된 세상   안락국에   들어가소서.

沐浴偈

我今以此香湯水
灌浴孤魂及有情
身心洗滌令淸淨
證入眞空常樂鄕

목욕진언(沐浴眞言)

  옴 바다모 사니사 아모까 아레 훔(3번)

작양지진언(嚼楊枝眞言)

  옴 바아라하 사바하(3번)

수구진언(漱口眞言)

  옴 도도리 구로구로 사바하(3번)

세수면진언(洗水面眞言)

  옴 사만다 바리 숫제 훔(3번)

🏵 가지화의 (加持化衣)

금일 천도하는 ○○○영가를 위시하여 여러 불자이시여,

이제 관욕을 원만히 마쳤으니 몸과 마음 다함께 맑아졌습니다.

이제 여래의 위없는 신비한 주문으로써 저승의 옷을 지어 올리니,

이 한 벌의 옷은 많은 옷이 되고,

많은 옷은 다시 다함없는 옷이 되며,

영가님 몸에 알맞게 크지도 작지도 않고 좁지도 넓지도 않아

전에 입으셨던 옷보다 훨씬 빼어나니,

해탈 열반의 옷으로 바뀌었습니다.

우리 부처님이 열반의 옷으로 갈아입히는

화의재진언을 지극한 마음으로 염하십시오.

加持化衣

今日所薦 ○○○靈駕等 諸佛子
灌浴旣周 身心俱淨 今以如來
無上秘密之言 加持冥衣 願此一衣 爲多衣
以多衣 爲無盡之衣 令稱身刑 不長不短
不窄不寬 勝前所服之衣 變成解脫之服
故吾佛如來 有化衣財多羅尼 謹當宣念

화의재 진언 (化衣財眞言)

나무 사 만다 못 다남 옴 바자나 비로기제 사바하
(3·7번)

수의복식 (受衣服飾)

금일 ○○○영가를 위시하여 여러 불자이시여,
부처님의 묘한 진언 두루하여서
영가들의 법다운 옷 갖추었나니,
옷이 없는 영가들은 새 옷을 입고,
옷이 헐은 영가들은 새 옷 갈아입고,
맑은 단에 나아가 옷을 단정히 하소서.

受衣服飾
今日 靈駕
持呪旣周 化衣已遍
無衣者 與衣覆體
有衣者 棄古換新
將詣淨壇 先整服飾

수의진언 (授衣眞言)

옴 바리마라 바바 아리니 훔 (3번)

착의진언 (着衣眞言)

옴 바아라 바사세 사바하 (3번)

정의진언 (整衣眞言)

옴 삼만다 바다라나 바다메 훔 박 (3번)

◎ 출욕참성 (出浴參聖)

금일 천도하는 ○○○영가를 위시하여 여러 불자이시여, 부처님 법력에 힘입어 목욕 마치고 깨끗한 새 옷 입었으니, 향단으로 나아가 자비하신 삼보님께 예배드리고 일승의 신묘한 법문 잘 들어야 합니다.

이제 향기로운 욕실을 나오시어 청정한 불단에 임하여야 하오니, 합장하고 마음을 모아 천천히 나아가십시오.

지단진언 (指壇眞言)

옴 예이혜 베로자나야 사바하 (3번)

出浴參聖

今日所薦 ○○○靈駕等 諸佛子
旣周服飾 可詣壇場 禮 三寶之慈尊
聽 一乘之妙法 請離香浴 當赴淨壇
合掌專心 徐步前進

🟢 가지예성 (加持禮聖)

금일 천도하는 ○○○영가를 위시하여 여러 불자이시여,
저승길의 유정들이 인도되어 청정한 불단에 이르렀으니,
이제 마땅히 삼보님께 예배를 드려야 합니다.
삼보라 함은 법신, 보신, 화신의 모든 부처님과
경장, 율장, 논장 등의 모든 가르침과
성문, 연각, 보살 등 불법을 깨닫고자
수행 정진하는 모든 스님을 말합니다.
그대 영가들은 이미 천도법회 도량에 이르렀으니,
부처님 전에 나아가 삼보님을 뵙는 일은
참으로 어렵다는 것을 자각하시고,

加持禮聖

今日所薦 ○○○靈駕等 諸佛子
上來爲 冥道有情 引入淨壇已竟
今當禮奉三寶 夫 三寶者 三身正覺
五敎靈文 三賢十聖之尊 四果二乘之衆
汝等 旣來法會 得赴香筵 想 三寶之難逢

부디 일심을 기울여 굳은 믿음으로 예배해야 합니다.
아래에 있는 보례게송을 대중은 따라하십시오.

보례삼보 (普禮三寶)

시방세계 항상 계시는 법신, 보신, 화신 모든 부처님께 절하옵니다.
시방세계 항상 계시는 경장, 율장, 논장의 모든 가르침에 절하옵니다.
시방세계 항상 계시는 보살, 연각, 성문의 모든 승가님께 절하옵니다.

傾 一心而信禮 下有普禮之偈 大衆隨言後和

普禮三寶
普禮十方常住　法身報身化身諸佛陀
普禮十方常住　經藏律藏論藏諸達摩
普禮十方常住　菩薩緣覺聲聞諸僧伽

제3장 상단권공

보례진언 (普禮眞言)

제가 이제 한 몸에서 다함없는 몸을 내어
온 세계 두루 계신 삼보님께 정성 다해 절하옵니다.

옴 바아라 믹 (3번)

정구업진언 (淨口業眞言)

수리수리 마하수리 수수리 사바하 (3번)

오방내외안위제신진언 (五方內外安慰諸神眞言)

나무 사만다 못다남 옴 도로 도로 지미 사바하 (3번)

普禮眞言
我今一身中
卽現無盡身
遍在三寶前
一一無數禮

◎ 개경게 (開經揭)

높고 깊은 부처님 법 만나옵기 어렵건만

제가 이제 받아지녀 참된 의미 깨치리다.

개법장진언 (開法藏眞言)

옴 아라남 아라다 (3번)

開經揭

無上甚深微妙法

百千萬劫難遭遇

我今聞見得受持

願解如來眞實意

◎ 대비주계청 (大悲呪啓請)

천수천안	관음보살	광대하고	원만하여
걸림없는	대비심의	다라니를	청합니다.

자비로운	관세음께	절하옵나니
크신 원력	원만상호	갖추시옵고
천 손으로	중생들을	거두시오며
천 눈으로	광명 비춰	두루 살피네.

진실하온	말씀 중에	다라니 펴고
함이 없는	마음 중에	자비심 내어

千手千眼 觀自在菩薩 廣大圓滿
無碍大悲心大陀羅尼 啓請

稽首觀音大悲呪 願力弘深相好身
千臂莊嚴普護持 千眼光明遍觀照
眞實語中宣密語 無爲心內起悲心

온갖 소원　　지체없이　　이뤄주시고
모든 죄업　　길이길이　　없애주시네.

천룡들과　　성현들이　　옹호하시니
백천삼매　　한순간에　　이루어지고
이 다라니　　지닌 몸은　　광명당이요
이 다라니　　지닌 마음　　신통장이네.

모든 번뇌　　씻어내고　　고해를 건너
보리도의　　방편문을　　얻게 되오며
제가 이제　　지송하고　　귀의하오니
원하는 바　　온갖 소원　　이뤄지이다.

速令滿足諸希求　永使滅除諸罪業
天龍衆聖同慈護　百千三昧頓薰修
受持身是光明幢　受持心是神通藏
洗滌塵勞願濟海　超證菩提方便門
我今稱誦誓歸依　所願從心悉圓滿

자비하신　　관세음께　　귀의합니다.
일체 법을　　어서 속히　　알아지이다.
자비하신　　관세음께　　귀의합니다.
지혜의 눈　　어서어서　　얻어지이다.

자비하신　　관세음께　　귀의합니다.
모든 중생　　어서 속히　　건져지이다.
자비하신　　관세음께　　귀의합니다.
좋은 방편　　어서어서　　얻어지이다.

자비하신　　관세음께　　귀의합니다.
지혜의 배　　어서 속히　　올라지이다.

南無大悲觀世音　願我速知一切法
南無大悲觀世音　願我早得智慧眼
南無大悲觀世音　願我速度一切衆
南無大悲觀世音　願我早得善方便
南無大悲觀世音　願我速乘般若船

자비하신　　관세음께　　귀의합니다.
고통바다　　어서어서　　건너지이다.

자비하신　　관세음께　　귀의합니다.
계정혜를　　어서 속히　　얻어지이다.
자비하신　　관세음께　　귀의합니다.
열반언덕　　어서어서　　올라지이다.

자비하신　　관세음께　　귀의합니다.
무위집에　　어서 속히　　들어지이다.
자비하신　　관세음께　　귀의합니다.
진리의 몸　　어서어서　　이뤄지이다.

南無大悲觀世音　願我早得越苦海
南無大悲觀世音　願我速得戒定道
南無大悲觀世音　願我早登圓寂山
南無大悲觀世音　願我速會無爲舍
南無大悲觀世音　願我早同法性身

칼산지옥　　내가 가면　　칼산 절로　　꺾여지고
화탕지옥　　내가 가면　　화탕 절로　　사라지며
모든 지옥　　내가 가면　　지옥 절로　　없어지고
아귀세계　　내가 가면　　아귀 절로　　배부르며
수라세계　　내가 가면　　악한 마음　　무너지고
축생세계　　내가 가면　　지혜 절로　　얻어지이다.

我若向刀山　刀山自催折
我若向火湯　火湯自消滅
我若向地獄　地獄自枯竭
我若向餓鬼　餓鬼自飽滿
我若向修羅　惡心自調伏
我若向畜生　自得大智慧

나무 관세음보살마하살　　나무 대세지보살마하살
나무 천수보살마하살　　　나무 여의륜보살마하살
나무 대륜보살마하살　　　나무 관자재보살마하살
나무 정취보살마하살　　　나무 만월보살마하살
나무 수월보살마하살　　　나무 군다리보살마하살
나무 십일면보살마하살　　나무 제대보살마하살
나무 본사아미타불 (3번)

南無觀世音菩薩摩訶薩　　南無大勢地菩薩摩訶薩
南無千手菩薩摩訶薩　　　南無如意輪菩薩摩訶薩
南無大輪菩薩摩訶薩　　　南無觀自在菩薩摩訶薩
南無正趣菩薩摩訶薩　　　南無滿月菩薩摩訶薩
南無水月菩薩摩訶薩　　　南無軍茶利菩薩摩訶薩
南無十一面菩薩摩訶薩　　南無諸大菩薩摩訶薩
南無本師阿彌陀佛

신묘장구대다라니 (神妙章句大陀羅尼)

나모라 다나다라 야야 나막알약 바로기제 새바라야
모지사다바야 마하 사다바야 마하가로 니가야
옴살바 바예수 다라나 가라야 다사명 나막 가리다바
이맘 알야 바로기제 새바라 다바 니라간타 나막
하리나야 마발다 이사미 살발타 사다남 수반 아예염
살바보다남 바바마라 미수다감 다냐타 옴 아로계
아로가 마지로가 지가란제 혜혜하례 마하모지
사다바 사마라 사마라 하리나야 구로구로 갈마
사다야 사다야 도로도로 미연제 마하 미연제 다라다라
다린 나례 새바라 자라자라 마라 미마라 아마라
몰제 예혜혜 로계 새바라 라아 미사미 나사야 나베
사미사미 나사야 모하자라 미사미 나사야 호로
호로 마라호로 하례 바나마나바 사라사라 시리시리
소로소로 못자못자 모다야 모다야 매다리야 니라간타
가마사 날사남 바라 하라나야 마낙 사바하 싯다야
사바하 마하 싯다야 사바하 싯다 유예 새바라야
사바하 니라간타야 사바하 바라하 목카싱하 목카야

사바하 바나마 하따야 사바하 자가라 욕타야 사바하
상카섭나녜 모다나야 사바하 마하라 구타다라야
사바하 바마사간타 이사 시체타 가릿나 이나야
사바하 먀가라잘마 이바 사나야 사바하
『나모라 다나다라 야야 나막알야 바로기제 새바라야
사바하』(3번)

사방찬 (四方讚)

동방에   물 뿌리니   도량이   깨끗하고
남방에   물 뿌리니   천지가   청량하며
서방에   물 뿌리니   정토가   이뤄지고
북방에   물 뿌리니   길이길이   평안하네.

四方讚

一灑東方潔道場
二灑南方得淸凉
三灑西方俱淨土
四灑北方永安康

◎ 도량찬 (道場讚)

온 도량이　　청정하여　　티끌없으니
삼보천룡　　이 도량에　　내려오소서
제가 이제　　묘한진언　　외우옵나니
자비로써　　그윽하게　　가호하소서.

道場讚

　道場淸淨無瑕穢
　三寶天龍降此地
　我今持誦妙眞言
　願賜慈悲密加護

참회게 (懺悔偈)

지난 세월　제가 지은　모든 악업은
옛 적부터　탐진치로　생겼으니
몸과 말과　생각으로　지었사오니
제가 이제　모든 죄업　참회합니다.

참회진언 (懺悔眞言)

옴 살바 못자 모지사다야 사바하 (3번)

懺悔偈

我昔所造諸惡業
皆由無始貪瞋癡
從身口意之所生
一切我今皆懺悔

◎ 준제찬 (准提讚)

준제주는　　모든 공덕　　보고이여라
고요한　　　마음으로　　항상 외우면
세상의　　　가지가지　　온갖 재난이
이 사함을　침해하지　　못할 것이니
하늘에서　　사람까지　　모든 중생이
부처님과　　다름없는　　복을 받으며
준제진언　　여의주를　　지니는 이는
결정코　　　가장 큰 법　얻게 되리다.

나무　칠구지불모대준제보살 (3번)

准提讚

准提功德聚　　寂靜心常誦
一切諸大難　　無能侵是人
天上及人間　　受福與佛等
遇此如意珠　　定獲無等等
南無七俱胝佛母大准提菩薩

정법계진언 (淨法界眞言)

옴 람 (3번)

호신진언 (護身眞言)

옴 치림 (3번)

관세음보살 본심미묘 육자대명왕 진언
(觀世音菩薩本心微妙六字大明王眞言)

옴 마니 반메 훔 (3번)

준제진언 (准提眞言)

나무 사다남 삼먁삼못다 구치남 다냐타
옴 자례 주례 준제 사바하 부림 (3번)

준제발원 (准提發願)

제가 이제 　 준제주를 　 외우옵나니
보리심을 　 발하오며 　 큰원세우고
선정 지혜 　 어서 속히 　 밝아지오며
모든 공덕 　 남김없이 　 성취하옵고
수승한복 　 두루두루 　 장엄하오며
모든 중생 　 깨달음을 　 이뤄지이다.

准提發願

我今持誦大准提
卽發菩提廣大願
願我定慧速圓明
願我功德皆成就
願我勝福遍莊嚴
願共衆生成佛道

여래십대발원문 (如來十大發願文)

원하오니	삼악도를	길이 여의고
탐진치	삼독심을	속히 끊으며
불법승	삼보이름	항상 듣고서
계정혜	삼학을	힘써 닦으며
부처님을	따라서	항상 배우고
원컨대	보리심에	항상 머물며
결정코	극락세계	가서 태어나
아미타	부처님을	친견하옵고
온 세계	모든 국토	몸을 나투며
모든 중생	깨달음을	이뤄지이다.

如來十大發願文

願我永離三惡道　願我速斷貪瞋癡
願我常聞佛法僧　願我勤修戒定慧
願我恒隨諸佛學　願我不退菩提心
願我決定生安養　願我速見阿彌陀
願我分身遍塵刹　願我廣度諸衆生

발사홍서원 (發四弘誓願)

가없은	중생을	건지오리다.
끝없는	번뇌를	끊으오리다.
한없는	법문을	배우오리다.
위없는	불도를	이루오리다.
자성	중생을	건지오리다.
자성	번뇌를	끊으오리다.
자성	법문을	배우오리다.
자성	불도를	이루오리다.

發四弘誓願

衆生無邊誓願度　　煩惱無盡誓願斷
法門無量誓願學　　佛道無上誓願成
自性衆生誓願度　　自性煩惱誓願斷
自性法門誓願學　　自性佛道誓願成

제가 이제 거룩하신 삼보님께 예경합니다.

「나무 상주시방불

　나무 상주시방법

　나무 상주시방승」(3번)

發願己　歸命禮三寶
南無常住十方佛
南無常住十方法
南無常住十方僧

◎ 거불 (擧佛)

나무 불타부중 광림법회
南無 佛陀部衆 光臨法會

나무 달마부중 광림법회
南無 達摩部衆 光臨法會

나무 승가부중 광림법회
南無 僧伽部衆 光臨法會

보소청진언 (普召請眞言)

나무 보보제리 가리다리 다타 아다야 (3번)

정법계진언 (淨法界眞言)

옴 람 (3·7번)

공양게 (供養偈)

시방삼세 부처님과

청정 진리 펴내시는 미묘법과

삼승사과로 해탈하신 승보님께 공양하오니,

자비로 받으소서

자비로 받으소서

대자비로 받으소서.

供養偈

供養十方調御士
演揚淸淨微妙法
三乘四果解脫僧
願垂哀納受
願垂哀納受
願垂慈悲哀納受

◎ 진언권공 (眞言勸供)

향기로운 음식들을 차려놓음은

재자들의 간절한 정성입니다.

공양이 두루 원만하게 이뤄지려면

가지변화에 의지해야 하오니

삼보님, 특별히 가지를 내리옵소서.

「나무시방불

 나무시방법

 나무시방승」(3번)

> **眞言勸供**
>
> 香羞羅列齋者虔誠 欲求供養之周圓
> 須仗加持之變化 仰唯三寶 特賜加持
> 南無十方佛
> 南無十方法
> 南無十方僧

무량위덕 자재광명승묘력 변식진언
(無量威德 自在光明勝妙力 變食眞言)

나막 살바다타 아다 바로기제 옴 삼바라 삼바라 훔
(3번)

시감로수진언 (施甘露水眞言)

나무 소로바야 다타아다야 다냐타 옴 소로소로
바라소로 바라소로 사바하 (3번)

일자수륜관진언 (一字水輪觀眞言)

옴 밤 밤 밤밤 (3번)

유해진언 (乳海眞言)

나무 사만다 못다남 옴 밤 (3번)

예공 (禮供)

지심정례공양 삼계도사 사생자부 시아본사 석가모니불
至心頂禮供養 三界導師 四生慈父 是我本師 釋迦牟尼佛

지심정례공양 시방삼세 제망찰해 상주일체 불타야중
至心頂禮供養 十方三世 帝網刹海 常住一切 佛陀耶衆

지심정례공양 시방삼세 제망찰해 상주일체 달마야중
至心頂禮供養 十方三世 帝網刹海 常住一切 達磨耶衆

지심정례공양 대지문수사리보살 대행보현보살
至心頂禮供養 大智文殊舍利菩薩 大行普賢菩薩

대비관세음보살 대원본존지장보살마하살
大悲觀世音菩薩 大願本尊地藏菩薩摩訶薩

지심정례공양 영산당시 수불부촉 십대제자 십육성 오백성
至心頂禮供養 靈山當時 受佛附囑 十大第子 十六聖 五百聖

독수성 내지천이백제대아라한 무량자비성중
獨修聖 乃至千二百諸大阿羅漢 無量慈悲聖衆

지심정례공양 서건동진 급아해동 역대전등 제대조사
至心頂禮供養 西乾東震 及我海東 歷代傳燈 諸大祖師

천하종사 일체미진수 제대선지식
天下宗師 一切微塵數 諸大善知識

지심정례공양 시방삼세 제망찰해 상주일체 승가야중
至心頂禮供養 十方三世 帝網刹海 常住一切 僧伽耶衆

유원 무진삼보 대자대비 수차공양 명훈가피력
唯願 無盡三寶 大慈大悲 受此供養 冥熏加被力

원공법계 제중생 자타 일시성불도
願共法界 諸衆生 自他 一時成佛道

보공양진언 (普供養眞言)

옴 아아나 삼바바 바아라 훔 (3번)

보회향진언 (普回向眞言)

옴 사마라 사마라 미마나 사라마하 자가라 바 훔 (3번)

원성취진언 (願成就眞言)

옴 아모카 살바다라 사다야 시베 훔 (3번)

보궐진언 (普闕眞言)

옴 호로호로 사야모케 사바하 (3번)

지장보살정근

나무 남방화주 대원본존 지장보살…

지장보살 멸정업진언 … 옴 바라 마니다니 사바하

(3번)

❀ 탄백

지장보살마하살	크신위신력
항하사겁인들	어찌만나리
일념동안우러르고	예배한대도
그 공덕하늘땅에	짝이없어라.

마하반야바라밀정근

나무 삼세불모 성취만법 무애위덕 마하반야바라밀…

❀ 탄백

저희들이	지은바	이 공덕이
일체의	중생들의	공덕이 되어
모든 중생	빠짐없이	성불하옵고
위 없는	불국토를	이뤄지이다.

석가모니불정근

① 나무 삼계도사 사생자부 시아본사 석가모니불…

② 나무 영산불멸 학수쌍존 시아본사 석가모니불…

탄백

세상의 티끌수를 모두 알고

바다의 물들을 모두 마시고

허공을 헤아리고 바람을 묶는다 해도

부처님의 크신 공덕은 다 말할 수 없어라.

嘆白

刹塵心念可數知

大海中水可飮盡

虛空可量風可繫

無能盡說佛功德

1 상단축원 (上壇祝願) 평상축

시방삼세　　영원하신　　삼보님전에
저희들이　　일심정성　　아뢰옵니다
위로조차　　닦아온　　　모든 공덕을
위없는　　　보리도와　　제불보살과
三界일체　　중생에게　　회향하오니
저희조국　　만만세로　　평화하옵고
겨레형제　　안락하고　　보리심내며
十류四생　　빠짐없이　　밝아지이다.
저희 거듭　계수하며　　발원하오니
자비하신　　원력으로　　거둬주시사
금일지성　　기도제자　　살펴주소서.
　　주소○○○등등보체
이들을　　　위시한　　　일문권속과
원근친척　　남녀노소　　모든불자가
수승하온　　수행인　　　큰 공덕으로
자비하신　　불보살님　　위신력입어
다생스승　　다생부모　　극락에 나며
다생동안　　지은죄업　　멸해지이다.
몸과 마음　시시로　　　청정해지고
지혜는　　　나날이　　　밝아지오며

복의바다	더욱 넓고	깊어지니다.	
가문은	창성하고	편안이루고	
뜻하는 바	모든 사업	크게이루며	
중생위한	미묘법문	빛내오면서	
원없는	보리도를	원만히 닦아	
부처님의	크신 은덕	갚아지이다.	
온법계	불자들이	크신 은혜	항상 입어
보리도량	다 이루고	불보살님	친견하여
제불광명	항상받고	모든 죄상	소멸하며
한이없는	지혜얻고	무상정각	이루어서
법계중생	모두 함께	마하반야	바라밀.

나무석가모니불

今日至極虛誠獻供發願懇禱齊
者 ○○市 ○○洞 ○○番地居住
乾名 ○○生 金○○
坤名 ○○生 李○○ 兩主保體
長子 ○○生 金○○ (家族)
以此因緣功德 仰夢諸佛菩薩
加護之妙力 壽山高屹 福海汪洋之大願

2 상단축원(上壇祝願)

시방삼세	영원토록	항상하신	삼보전에
저희들이	일심정성	우러러	아뢰오니
대자대비	베푸시어	거두어	주옵소서.
위로조차	닦아온	한이없는	큰 공덕을
위없는	보리도와	제불보살	큰 성현과
삼계일체	중생에게	모두 회향	하옵나니
일체에	두루하여	원만하여	지이다.
저희 조국	대한민국	만만세로	평화하옵고
겨레 형제	안락하고	큰 보리심	발하오며
세계 국토	항상 맑고	천국만민	자유얻고
十류四생	빠짐없이	고루성불	하여이다.
위없이	밝은 법문	온천지에	넘쳐나고
불법광명	항상 빛나	큰법수레	굴리이다.
사바세계	한반도에	보리도량	빛난중에
저희들이	계수하며	일심정성	원하오니
자비하신	원력으로	다시거둬	주옵소서
대한민국	○○거주	이름 가	청하옵는

선망 자모 본관 씨 ○○○ 영가가
거룩하온　　이 인연에　　크신은혜　　가득입고
불보살님　　크신 광명　　그의 앞길　　밝게 비춰
과거생과　　생전중에　　지은 업장　　소멸되고
극락세계　　九品연대　　상상품에　　가서나고
아미타불　　친견하여　　법문듣고　　마음열어
생사없는　　큰 지혜를　　남김없이　　요달하여
시방국토　　드나들며　　광명놓고　　설법하여
불보살님　　크신 서원　　함께이룩　　하여이다.
다시 또한　　이미가신　　스승님과　　부모님과
누세의　　　종친들과　　형제자매　　영가들과
이 도량　　　창건이래　　중건중수　　공덕주와
오늘날에　　이르도록　　인연공덕　　지은이와
도량내외　　유주무주　　외로운　　　영가들과
나라위해　　목숨바친　　충의 장병　　애국선열
세계평화　　이루고저　　몸을 바친　　성현들과
지옥계와　　아귀도중　　고통받는　　고흔들이
부처님의　　한이 없는　　대비원력　　입사와서
삼계의　　　고통바다　　모두 함께　　벗어나고

극락세계	광명국토	연꽃나라	왕생하여
부처님의	감로법문	정수리에	부어지고
큰 반야의	밝은 지혜	활연성취	하여이다.
아울러	바라옴은	금일지성	제자들과
남녀노소	가족들과	형제들과	친족들과
이 도량에	함께 모인	스님들과	친족들과
이 도량에	함께 모인	스님들과	신도들에
부처님의	자비광명	어느때나	감싸아서
마음속의	원하는 바	착한 소망	다 이루고
나날이	상서일고	모든 재난	소멸하며
수명의 산	견고하고	복의 바다	더욱 넓어
밝은 지혜	큰원으로	보살대도	이뤄지이다.
온 법계	불자들이	크신 은혜	항상입어
보리도량	다이르고	불보살님	친견하여
제불광명	항상받고	모든 죄장	소멸하며
한이없는	지혜얻고	무상정각	이루어서
법계중생	모두 함께	마하반야	바라밀.
나무석가모니불			

仰告 十方三世 帝網重重無盡三寶 慈尊不捨慈悲
許垂朗鑑 上來所修佛功德海 回向三處悉圓滿
奉爲
上祝統領之椿壽 傍資百執之龜齡 冀 四海而澄清
亨 萬民之豊樂 三檀六度 俾 歡喜而滿心 十類四生
使 平等而成佛 敎海禪林佛日增輝 和風甘雨
法輪常轉 願我今日至意虔誠 薦靈齋者
某人伏爲 所薦 某人靈駕 以此因緣功德
不踏冥路 往生極樂之大願
抑願 當露伏爲 上世先亡 師尊父母 累世宗親
弟兄叔伯 一切眷屬等 列位靈駕 仰願此寺
最初創建以來 至於重建重修 化主施主 都監別座
佛前內外 日用凡諸汁物 大小結緣等 各 列位靈駕
抑願 道場內外 洞上洞下 有主無主 沈魂滯魄
一切哀魂 佛子等 各 列位靈駕
抑願 此 五大洲六大洋 爲國節死 忠義將卒
飢寒凍饌 九種橫死 刑憲而終 産難而死
一切哀魂等衆 乃至鐵圍山間 五無間獄 一日一夜
萬死萬生 受苦含靈 等衆 各列位靈駕 兼及法界
四生七趣 三途八難 四恩三有 一切有識
含靈等衆 各列位靈駕 咸脫三界之苦惱
超生九品之樂邦 獲蒙諸佛 甘露灌頂
般若朗智 豁然開悟
抑願 今日至誠齋者 信男信女 白衣檀越
各各等保體 日日有千祥之慶時時無 百害之災
壽山高屹 福海汪洋之大願 然後願 恒沙法界
無量 佛子等 同遊華藏莊嚴海 同入菩提大道場
常逢華嚴佛菩薩 恒蒙諸佛大光明
消滅無量衆罪障 獲得無量大智慧
頓成無上最正覺 廣度法界諸衆生
以報諸佛莫大恩 世世常行菩薩道
究竟圓成薩婆若 摩訶般若婆羅密

반야심경(般若心經)

마하반야바라밀다심경

관자재보살이 깊은 반야바라밀다를 행할 때, 오온이 공한 것을 비추어 보고 온갖 고통에서 건너느니라.

사리자여! 색이 공과 다르지 않고 공이 색과 다르지 않으며, 색이 곧 공이요 공이 곧 색이니, 수 상 행 식도 그러하니라.

사리자여! 모든 법은 공하여 나지도 멸하지도 않으며, 더럽지도 깨끗하지도 않으며, 늘지도 줄지도 않느니라. 그러므로 공 가운데는 색이 없고 수 상 행 식도 없으며, 안 이 비 설 신 의도 없고, 색 성 향 미 촉 법도 없으며, 눈의 경계도 의식의 경계까지도 없고, 무명도 무명이 다함까지도 없으며, 늙고 죽음도 늙고 죽음이 다함까지도 없고, 고 집 멸 도도 없으며, 지혜도 얻음도 없느니라.

얻을 것이 없는 까닭에 보살은 반야바라밀다를 의지하므로 마음에 걸림이 없고 걸림이 없으므로 두려움이 없어서, 뒤바뀐 헛된 생각을 멀리 떠나 완전한 열반에 들어가며, 삼세의 모든 부처님도 반야바라밀다를 의지하므로 최상의 깨달음을 얻느니라.

반야바라밀다는 가장 신비하고 밝은 주문이며 위없는 주문이며 무엇과도 견줄 수 없는 주문이니, 온갖 괴로움을 없애고 진실하여 허망하지 않음을 알지니라.

이제 반야바라밀다주를 말하리라.

아제아제 바라아제 바라승아제 모지 사바하 (3번)

摩訶般若波羅蜜多心經
觀自在菩薩 行深般若波羅蜜多時
照見五蘊皆空 度一切苦厄
舍利子 色不異空 空不異色 色卽是空
空卽是色 受想行識 亦復如是
舍利子 是諸法空相 不生不滅 不垢不淨
不增不減 是故 空中無色 無受想行識
無眼耳鼻舌身意 無色聲香味觸法 無眼界
乃至 無意識界 無無明 亦無無明盡 乃至
無老死 亦無老死盡 無苦集滅道 無智 亦無得
以無所得故 菩提薩唾 依般若波羅蜜多故
心無罣碍 無罣碍故 無有恐怖 遠離顚倒夢想
究竟涅槃 三世諸佛 依般若波羅蜜多
故得阿耨多羅三藐三菩提 故知般若波羅密多
是大神呪 是大明呪 是無上呪 是無等等呪
能除一切苦 眞實不虛
故說般若波羅密多呪 卽說呪曰
揭諦揭諦 波羅揭諦 波羅僧揭諦 菩提 娑婆訶

제4장 천도재의범

◎ 영단관음시식

나무 극락도사 아미타불

나무 관음세지 양대보살

나무 접인망령 대성인로왕보살마하살

觀音施食

南無　極樂導師　阿彌陀佛

南無　觀音勢至　兩大菩薩

南無　接引亡靈　大聖引路王菩薩摩訶薩

◎ 청혼 (請魂) (법주)

사바세계 남섬부주 대한민국 ○○시 ○○사
청정수월 도량금일 ○○재일을 맞이하여
○○시 ○○동에 거주하는 효자 ○○등이
지극정성으로 향단을 차려 선망 ○○○ 영가를
청하노라.

창혼 (唱魂)

사바세계 남섬부주 동양 대한민국 ○○시 ○○사
수월도량 금일지성 천혼 재자 ○○시 ○○동거주
효자 효녀 각각 등 ○○복위
선망○○ ○○○영가

영가위주	복위기부	이미 가신	스승님과
부모님과	종친들과	명의모를	영가들과
이 도량	창건이래	중건중수	공덕주와
크고 작은	제불사에	인연공덕	지은이와
도량내외	유주무주	외로운	영가등과
나라위해	목숨 바친	충의장병	영령들과
세계평화	이루고자	몸을 바친	성인들과
지옥계와	아귀도중	고통받는	제령이여
부처님의	자비하신	가피력에	의지하여
이 법연에	왕림하여	연화좌에	오를지이다.

◎ 진령게 (振鈴偈)

요령 울려	두루	청하오니
오늘 오신	영가들은	듣고 아시고
삼보님의	가피력에	의지하여서
오늘의	이 법회에	어서 오소서.

振鈴偈

以此振鈴伸召請
冥途鬼界普聞知
願承三寶力加持
今日今時來赴會

◎ 착어 (着語)

자비광명　　비치는 곳　　연꽃 피어나고
지혜눈길　　이르는 곳　　지옥 텅비네
관세음의　　대비신주　　의지한다면
중생의　　　성불은　　　한 순간이리.

금일 ○○○영가이시여
천수경 한 편으로 고독한 혼령을 위하고자 함이니
지극한 마음으로 들으시고
지극한 마음으로 자세히 받아 지니옵소서.

着語

慈光照處蓮花出　慧眼觀時地獄空
又況大悲神呪力　衆生成佛刹那中
今日靈駕爲主　上來召請　諸佛子等　各列位靈駕
千手一篇　爲孤魂　至心諦聽　至心諦受

의상조사 법성게 (義相祖師法性偈)

법의성품	원융하여	두 모습이	본래 없고
모든 법은	부동하여	본래부터	고요하며
이름 없고	모습 없어	모든 것이	끊어졌고
증지소지	깨달음은	다른 경계	아니로다.
참된 성품	깊고 깊어	미묘하고	지극하여
자기성품	지키잖고	연을 따라	이루었네.
하나 속에	일체이고	일체 속에	하나이며
하나 바로	일체이고	일체 바로	하나이네.
작은 티끌	하나 속에	시방 세계	머금었고
일체 모든	티끌 속에	하나하나	그러하네.

義相祖師法性偈

法性圓融無二相　諸法不動本來寂
無名無相絶一切　證智所知非餘境
眞性甚深極微妙　不守自性隨緣成
一中一切多中一　一卽一切多卽一
一微塵中含十方　一切塵中亦如是

한량없은	오랜 시간	찰나 생각	다름 없고
찰나 순간	한 생각이	한량없는	시간이니
구세십세	서로 겹쳐	어우러져	돌아가도
혼란하지	아니하고	따로따로	이뤄졌네.
초발심의	그 순간에	바른 깨침	바로 얻고
생과 죽음	열반세계	항상 서로	함께하네.
이치 현상	명연하여	분별할 수	없음이나
열 부처님	보현보살	대상인의	경계일세.
부처님의	해인삼매	자재하게	들어가서
불가사의	여의주를	마음대로	들어내니

無量遠劫卽一念　一念卽是無量劫
九世十世互相卽　仍不雜亂隔別成
初發心時便正覺　生死涅槃常共和
理事冥然無分別　十佛普賢大人境
能仁海印三昧中　繁出如意不思議

중생 위한	보배비가	온 허공에	가득하여
중생들은	그릇대로	모두 이익	얻게 되네.
그러므로	수행자가	본래자리	돌아갈 제
망상심을	쉬잖으면	그 자리에	못 가리니
분별 없는	좋은 방편	마음대로	구사하고
본래 집에	돌아갈 제	분수 따라	자량 얻네.
신령스런	다라니의	한량없는	보배로써
온 법계를	장엄하여	보배궁전	이루어져
진여실상	중도 자리	오롯하게	앉았으니
옛 적부터	동함 없이	부처라고	이름하네.

雨寶益生滿虛空　衆生隨器得利益
是故行者還本際　叵息妄想必不得
無緣善巧捉如意　歸家隨分得資糧
以陀羅尼無盡寶　莊嚴法界實寶殿
窮坐實際中道床　舊來不動名爲佛

◉ 무상계 (無常戒)

무상계는	열반세계	들어가는	문이되고
생사고해	건너가는	자비로운	배입니다.
부처님도	이계로써	대열반에	드시옵고
중생들도	이계로써	생사고해	건너가니
영가시여	그대들은	오늘날에	이르러서
눈귀코혀	몸과뜻과	색과소리	냄새와맛
접촉대상	인식대상	그모든것	벗어나서
신령스런	맑은식이	오롯하게	드러나서
부처님의	한이없는	청정계를	받게되니
이얼마나	다행하고	기쁜일이	아닙니까.
영가시여	때가되면	세계가다	무너지고
수미산과	큰바다도	모두말라	없어지니

夫 無常戒者 入涅槃之要門 越苦海之慈航
是故 一切諸佛 因此戒故 而入涅槃 一切衆生
因此戒故 而度苦海 靈駕 汝今日 迥脫根塵
靈識獨露 受佛無上淨戒 何幸如也
靈駕 劫火洞燃 大千俱壞 須彌巨海 磨滅無餘

하물며   이몸뚱이   그대로   있으리요
생로병사   근심고뇌   그칠새가   없사오니
영가시여   머리털과   손톱발톱   이빨들과
가죽과살   힘줄과뼈   두개골과   이몸뚱이
굳은것은   모두가다   흙으로써   돌아가고
침과눈물   고름과피   진액과땀   가래눈물
모든정액   대소변은   모두물로   돌아가고
내몸속의   더운기운   모두불로   돌아가고
움직이는   동작들은   바람으로   돌아가서
네요소가   각각서로   흩어지게   되옵나니
오늘날의   영가몸이   그어디에   있으리요
영가시여   네요소가   허망하고   거짓이니
사랑하고   아낄것이   그하나도   없습니다.

何況此身　生老病死　憂悲苦惱　能與遠違
靈駕　髮毛爪齒　皮肉筋骨　髓腦垢色
皆歸於地　唾涕膿血　津液涎沫　痰淚精氣
大小便利　皆歸於水　煖氣歸火　動轉歸風
四大各離　今日亡身　當在何處

○○영가시여,

끝이없는	옛날부터	오늘날에	이르도록
무명으로	말미암아	식이	있게되고
식으로	말미암아	명색이	있게되고
명색으로	말미암아	육입이	있게되고
육입으로	말미암아	접촉이	있게되고
접촉으로	말미암아	느낌이	있게되고
느낌으로	말미암아	애착이	있게되고
애착으로	말미암아	취함이	있게되고
취함으로	말미암아	있음이	있게되고
있음으로	말미암아	태어남이	있게되고
태어남을	말미암아	늙고죽음	근심걱정
괴로움이	있습니다.		

靈駕 四大虛假 非可愛惜 汝從無始已來
至于今日 無明緣行 行緣識 識緣名色
名色緣六入 六入緣觸 觸緣受 受緣愛
愛緣取 取緣有 有緣生 生緣老死憂悲苦惱

무명이	없어지면	행이또한	없어지고
행이	없어지면	식이또한	없어지고
식이	없어지면	명색또한	없어지고
명색이	없어지면	육입또한	없어지고
육입이	없어지면	접촉또한	없어지고
접촉이	없어지면	느낌또한	없어지고
느낌이	없어지면	애착또한	없어지고
애착이	없어지면	취함또한	없어지고
취함이	없어지면	있음또한	없어지고
있음이	없어지면	태어남이	없어지고
태어남이	없어지면	늙고죽음	없어지고
근심걱정	괴로움도	모두모두	없어지오.

無明滅卽 行滅 行滅則 識滅
識滅則 名色滅 名色滅則 六入滅
六入滅則 觸滅 觸滅則 受滅
受滅則 愛滅 愛滅則 取滅
取滅則 有滅 有滅則 生滅
生滅則 老死憂悲苦惱滅

모든것은   본래항상   고요한   모습이니
불자들이   이이치를   깨닫고서   수행하면
오는세상   틀림없이   부처님이   되오리다.
모든것은   무상하여   나고죽는   법이오니
태어나고   죽는것이   모두다   사라지면
고요한   대열반의   즐거움을   누리리다.
거룩하신   부처님께   목숨바쳐   의지하고
거룩하신   가르침에   목숨바쳐   의지하고
거룩하신   스님들께   목숨바쳐   의지하고
과거의 보승여래 응공 정변지 명행족 선서 세간해
무상사 조어장부 천인사 불세존께 목숨바쳐 절합니다.

諸法從本來　常自寂滅相
佛子行道已　來世得作佛
諸行無常　是生滅法　生滅滅已　寂滅爲樂
歸依佛陀戒　歸依達磨戒　歸依僧伽戒
南無過去寶勝如來　應供　正邊知　明行足　善逝
世間解　無上士　調御丈夫　天人師　佛　世尊

영가시여, 오온의 껍데기를 벗어나고
신령스런 맑은식이 오롯하게 드러나서
부처님의 위없는 청정계를 받게되니
이 어찌 상쾌하고 기쁘지 않으리요.
천당극락 불국토에 마음대로 가시나니
상쾌하고 좋을시고 상쾌하고 좋을시고

서쪽에서 오신조사 그뜻이 당당하여
내마음을 맑게하니 본성이 고향이라
묘한본체 맑고밝아 머무는곳 없사오니
산과물과 온대지가 참다운빛 드러내네.

靈駕 脫却五陰殼漏子 靈識獨露
受佛無上淨戒 豈不快哉 豈不快哉
天堂佛刹 隨念往生 快活快活
西來祖意最堂堂 自淨其心性本鄉
妙體湛然無處所 山河大地現眞光

◎ 반야심경 (般若心經)

마하반야바라밀다심경

관자재보살이 깊은 반야바라밀다를 행할 때, 오온이 공한 것을 비추어 보고 온갖 고통에서 건너느니라.

사리자여! 색이 공과 다르지 않고 공이 색과 다르지 않으며, 색이 곧 공이요 공이 곧 색이니, 수 상 행 식도 그러하니라.

사리자여! 모든 법은 공하여 나지도 멸하지도 않으며, 더럽지도 깨끗하지도 않으며, 늘지도 줄지도 않느니라. 그러므로 공 가운데는 색이 없고 수 상 행 식도 없으며, 안 이 비 설 신 의도 없고, 색 성 향 미 촉 법도 없으며, 눈의 경계도 의식의 경계까지도 없고, 무명도 무명이 다함까지도 없으며, 늙고 죽음도 늙고 죽음이 다함까지도 없고, 고 집 멸 도도 없으며, 지혜도 얻음도 없느니라.

얻을 것이 없는 까닭에 보살은 반야바라밀다를 의지하므로 마음에 걸림이 없고 걸림이 없으므로 두려움이 없어서, 뒤바뀐 헛된 생각을 멀리 떠나 완전한 열반에 들어가며, 삼세의 모든 부처님도 반야바라밀다를 의지하므로 최상의 깨달음을 얻느니라.

반야바라밀다는 가장 신비하고 밝은 주문이며 위없는 주문이며 무엇과도 견줄 수 없는 주문이니, 온갖 괴로움을 없애고 진실하여 허망하지 않음을 알지니라.
이제 반야바라밀다주를 말하리라.
아제아제 바라아제 바라승아제 모지 사바하 (3번)

摩訶般若波羅蜜多心經
觀自在菩薩 行深般若波羅蜜多時
照見五蘊皆空 度一切苦厄
舍利子 色不異空 空不異色 色卽是空
空卽是色 受想行識 亦復如是
舍利子 是諸法空相 不生不滅 不垢不淨
不增不減 是故 空中無色 無受想行識
無眼耳鼻舌身意 無色聲香味觸法 無眼界
乃至 無意識界 無無明 亦無無明盡 乃至
無老死 亦無老死盡 無苦集滅道 無智 亦無得
以無所得故 菩提薩埵 依般若波羅蜜多故
心無罣碍 無罣碍故 無有恐怖 遠離顚倒夢想
究竟涅槃 三世諸佛 依般若波羅蜜多
故得阿耨多羅三藐三菩提 故知般若波羅密多
是大神呪 是大明呪 是無上呪 是無等等呪
能除一切苦 眞實不虛
故說般若波羅密多呪 卽說呪曰
揭諦揭諦 波羅揭諦 波羅僧揭諦 菩提 娑婆訶

신묘장구대다라니 (神妙章句大陀羅尼)

나모라 다나다라 야야 나막알약 바로기제 새바라야
모지사다바야 마하 사다바야 마하가로 니가야
옴살바 바예수 다라나 가라야 다사명 나막 가리다바
이맘 알야 바로기제 새바라 다바 니라간타 나막
하리나야 마발다 이사미 살발타 사다남 수반 아예염
살바보다남 바바마라 미수다감 다냐타 옴 아로계
아로가 마지로가 지가란제 혜혜하례 마하모지
사다바 사마라 사마라 하리나야 구로구로 갈마
사다야 사다야 도로도로 미연제 마하 미연제 다라다라
다린 나례 새바라 자라자라 마라 미마라 아마라
몰제 예헤헤 로계 새바라 라아 미사미 나사야 나베
사미사미 나사야 모하자라 미사미 나사야 호로
호로 마라호로 하례 바나마나바 사라사라 시리시리
소로소로 못자못자 모다야 모다야 매다리야 니라간타
가마사 날사남 바라 하라나야 마낙 사바하 싯다야
사바하 마하 싯다야 사바하 싯다 유예 새바라야
사바하 니라간타야 사바하 바라하 목카싱하 목카야

사바하 바나마 하따야 사바하 자가라 욕타야 사바하 상카섭나녜 모다나야 사바하 마하라 구타다라야 사바하 바마사간타 이사 시체타 가릿나 이나야 사바하 먀가라잘마 이바 사나야 사바하

『나모라 다나다라 야야 나막알야 바로기제 새바라야 사바하』(3번)

◉ 화엄경四구게

삼세의 부처님 경계를 아시려면

법계성품 관할지니

모든 것은 마음이 지었나니.

若人欲了知
三世一切佛
應觀法界性
一切唯心造

파지옥진언(破地獄眞言)

옴 가라지야 사바하 (3번)

해원결진언(解冤結眞言)

옴 삼다라 가닥 사바하 (3번)

보소청진언(普召請眞言)

나무 보보제리 가리다리 다타아다야 (3번)

나무 상주시방불 나무 상주시방법 나무 상주시방승 (3번)

나무 대자대비 구고구난 관세음보살 (3번)

나무 대방광불화엄경 (3번)

普召請眞言

南無常住十方佛

南無常住十方法

南無常住十方僧

南無大慈大悲 救苦觀世音菩薩

南無大方光佛華嚴經

향연청 (香煙請)

향사르며 청하옵니다. (3번)

세상인연	다하여서	죽음이르니
번개 같은	인생이여	한판 꿈이라
아득하다	삼혼이여	어디로 가고
망망해라	칠백이여	멀리 떠났네.

香煙請

諸靈限盡致身亡
石火光陰夢一場
三魂杳杳歸何處
七魄茫茫去遠鄕

🏵 수위안좌 (受位安座)

금일 천도하는 ○○○영가를 위시하여 여러 불자이시여,
지금 부처님의 보살핌을 받고 법의 가피력에 의지하여
이미 걸림 없이 이 자리에 이르렀으니,
열반의 세계에 거닐고자 한다면 이 자리에 편안히 앉으소서.
아래에 있는 안좌게송을 대중은 따라하십시오.

今日所薦 ○○○靈駕等 諸佛子
上來 承佛攝受 仗法加持
旣 無因繫以臨筵 願獲逍遙而就座
下有安座之偈 大衆隨言後和

수위안좌진언 (受位安座眞言)

우리 이제　법에 따라　화연 베풀어

가지가지　귀한 음식　차리었으니

크고 작은　위계 따라　차례로 앉아

마음 다해　미묘 법문　잘 들으소서.

옴 마니 군다니 훔훔 사바하 (3번)

受位安座眞言

我今依敎說華筵

種種珍垂列座前

大小依位次第座

專心諦聽演金言

다게 (茶偈)

온갖 초목	한결같은	신선한 차 맛
조주 스님	몇 천 사람	권하였던가.
돌솥에다	맑은 물을	다려 드리니
망령이여,	드시고서	안락하소서
제령이여,	드시고서	안락하소서
고혼이여,	드시고서	안락하소서.

가지를	베푸오니	몸과 마음	윤택해지고
업의 불길	청량해져	해탈을	구하시네.

茶偈

百草林中一味新　趙州常勸幾千人
烹將石鼎江心水　願使亡靈歇苦輪
願使諸靈歇苦輪　願使孤魂歇苦輪

宣密加持　身田潤澤　業火淸涼　各求解脫

변식진언(變食眞言)

나막 살바다타아다 바로기제 옴 삼바라 삼바라 훔(3번)

시감로수진언(施甘露水眞言)

나무 소로바야 다타아다야 다냐타 옴 소로소로 바라소로 바라소로 사바하(3번)

일자수륜관진언(一字水輪觀眞言)

옴 밤 밤 밤밤(3번)

유해진언(乳海眞言)

나무 사만다 못다남 옴 밤(3번)

◎ 가지소 (加持疏)

바라건대	법다운	이 공양이여
시방세계	두루두루	넘칠지어라
먹는자는	기갈을	길이여의고
아미타	극락세계	태어날지라

加持疏

願此加持食
普遍滿十方
食者除飢渴
得生安養國

시귀식진언(施鬼食眞言)

옴 미기미기 야야미기 사바하 (3번)

시무차법식진언(施無遮法食眞言)

옴 목역능 사바하 (3번)

보공양진언(普供養眞言)

옴 아아나 삼바바 바라 훔 (3번)

공양찬 (供養讚)

내가 드린 　공양을 　이미받으니
이 어찌 　아난찬과 　다름있으리
시장한 　이 만족하여 　다 배부르고
업의불길 　모두 꺼져 　시원해지며
탐진치 　모진독을 　모두 버리고
어느 때나 　삼보님께 　귀의케되니
생각생각 　이는 생각 　보리심이요
곳곳마다 　있는 곳이 　안락국이라

供養讚

受我此法食　何異阿難饌
飢腸咸飽滿　業火頓清凉
頓捨貪嗔癡　常歸佛法僧
念念菩提心　處處安樂國

◎ 반야四구게

형상이	있던 없던	이세간사는
그 모두	실이 없어	허망하니라
만약에	모든상이	상이 아님을
알게되면	그 즉시	여래보리라

般若四句偈

凡所有相
皆是虛妄
若見諸相非相
卽見如來

◎ 장엄염불 (莊嚴念佛)

이 삶이 다하도록 다른 생각 아니하고

아미타부처님을 따르오며

마음마다 옥호광명 떠올리고

언제나 금빛 모습 간직하네.

염주 들고 시방법계를 관하오니

허공으로 끈을 삼아 못 꿰는 것 전혀 없고

평등하신 노사나불 안 계신 곳 없으시니

서방정토 아미타불 관하여 구합니다.

나무 서방 대교주 무량수 여래불 나무아미타불.

莊嚴念佛

願我盡生無別念　阿彌陀佛獨相隨
心心常係玉毫光　念念不離金色相
我執念珠法界觀　虛空爲繩無不貫
平等舍那無何處　觀求西方阿彌陀
南無西方大敎主　無量壽如來佛　南無阿彌陀佛

서방정토	극락세계	나무아미타불
만월같은	아미타불	나무아미타불
금색신과	옥호광명	나무아니타불
온허공을	비추나니	나무아미타불
누구든지	일념으로	나무아미타불
그 이름을	일컬으면	나무아미타불
무량공덕	순식간에	나무아미타불
뚜렷하게	이루리라	나무아미타불
아미타	부처님이	나무아미타불
어디메에	계시는가	나무아미타불
마음깊이	새겨두고	나무아미타불
간절하게	잊지마라	나무아미타불

極樂堂前滿月容　　玉毫金色照虛空
若人一念稱名號　　頃刻圓成無量功
阿彌陀佛在何方　　着得心頭切莫忘

생각하고	생각하여	나무아미타불
무념처에	이른다면	나무아미타불
여섯문이	어느때나	나무아미타불
금색광명	냄을보리	나무아미타불
원하오니	시방법계	나무아미타불
한량없는	모든중생	나무아미타불
아미타불	원력바다	나무아미타불
모두함께	들어가서	나무아미타불
미래제가	다하도록	나무아미타불
모든중생	제도하고	나무아미타불
너도나도	모두함께	나무아미타불
무상불도	이뤄이다	나무아미타불

念到念窮無念處　　六門常放紫金光
願共法界諸衆生　　同入彌陀大願海
盡未來際度衆生　　自他一時成佛道

나무문수보살

나무보현보살

나무관세음보살

나무대세지보살

나무금강장보살

나무제장애보살

나무미륵 보살

나무지장 보살

나무일체 청정대해중보살마하살

원이차공덕 보급어일체 아등여중생

당생극락국 동견무량수 개공성불도

南無文殊菩薩　　南無普賢菩薩
南無觀世音菩薩　南無大勢至菩薩
南無金剛藏菩薩　南無除障碍菩薩
南無彌勒菩薩　　南無地藏菩薩
南無一切淸淨大海衆菩薩摩訶薩

🏵 봉송소 (奉送疏)

오늘 청하온 ○○○영가시여, 그리고 여기 오신 여러 영가들이시여,

이상으로써 부처님의 법력에 힘입어 이 자리에 강림하여 법다운 공양을 배불리 받고 거룩한 법문을 기쁘게 들으셨으니, 이제 다시 서쪽으로 10만억 국토를 지나 아미타 부처님이 계신 극락세계를 향해 길을 떠날 차비를 하셔야 되겠습니다.

이 세상에서 못다한 미련들은 하나도 생각지 말고 극락세계의 구품연대에 상품상생하여 무생법인을 누리시옵소서. 남아있는 유족들 모두가 건강하고 복되도록 보살펴 주시고, 그들 모두가 불법에 대한 신심이 더욱 독실해져서 항상 바르고 떳떳하게 살도록 보살펴 주옵소서. 이제 떠나기에 앞서 당신이 사랑한 유족들의 인사를 받으시고, 이어 영가님 자신도 다시 삼보전에 하직 인사를 드리실 차례이오니 다음의 법요에 귀를 기울이소서.

봉송게 (奉送偈)

영가와 고혼, 유정, 지옥, 아귀, 축생계의 영가들을
함께 보내드리오니,
내가 다시 다른 날에 추선 도량 세우리니
본래 서원 잊지 말고 다시 돌아오소서.

오늘 사바세계 남섬부주 대한민국
[사찰 주소 ○○산 ○○사] 수월도량에서
지극한 마음으로 [재자의 주소]에 거주하는
생전에 모시던 [직계 가족들 이름] 등은 엎드려 부리오니
먼저 가신 불자 [법명 본명] 영가시여,

奉送偈

奉送孤魂洎有情　地獄餓鬼及傍生
我於他日建道場　不違本誓還來赴

今此　至極精成　某日齋後
聽衆普禮齋子　某處　居住
行孝子　某人　等伏爲　先父　某人　靈駕

영가를 위시하여 지난 세상에 먼저 돌아가신 부모,
다생의 스승님, 가깝고 먼 친척 등
여러 영가와 이 도량 안과 밖의 영가, 윗대와 아랫대,
주인 있고 주인 없는 외로운 영혼을 비롯한
각각의 모든 영가시여.

금일 영가들이시여,
향기로운 공양을 받고 미묘한 법문을 들었사오니
떠나기 전 정성 다해 삼보님께 예경하소서.

第當 某日齋之辰 今日靈駕 爲主
上逝先亡父母 多生師長 累代宗親 遠近親戚
弟兄叔伯 姉妹姪孫 一切親屬等衆 各
列位列名靈駕 道場內外 有主無主 雲集孤魂
非命厄死 一切哀魂等衆 各 列位列名靈駕

今日 靈駕 爲主 上來召請 諸佛子 旣受香供
已聽法音 今當奉送 更宜虔誠 奉謝三寶

보례삼보

　시방에 항상 계신 불보님께 절하옵니다.

　시방에 항상 계신 법보님께 절하옵니다.

　시방에 항상 계신 승보님께 절하옵니다.

普禮十方常主佛
普禮十方常主法
普禮十方常主僧

의상조사 법성게 (義相祖師法性偈)

법의성품	원융하여	두 모습이	본래 없고
모든 법은	부동하여	본래부터	고요하며
이름 없고	모습 없어	모든 것이	끊어졌고
증지소지	깨달음은	다른 경계	아니로다.
참된 성품	깊고 깊어	미묘하고	지극하여
자기성품	지키잖고	연을 따라	이루었네.
하나 속에	일체이고	일체 속에	하나이며
하나 바로	일체이고	일체 바로	하나이네.
작은 티끌	하나 속에	시방 세계	머금었고
일체 모든	티끌 속에	하나하나	그러하네.

義相祖師法性偈

法性圓融無二相　諸法不動本來寂
無名無相絕一切　證智所知非餘境
眞性甚深極微妙　不守自性隨緣成
一中一切多中一　一卽一切多卽一
一微塵中含十方　一切塵中亦如是

한량없은	오랜 시간	찰나 생각	다름 없고
찰나 순간	한 생각이	한량없는	시간이니
구세십세	서로 겹쳐	어우러져	돌아가도
혼란하지	아니하고	따로따로	이뤄졌네.
초발심의	그 순간에	바른 깨침	바로 얻고
생과 죽음	열반세계	항상 서로	함께하네.
이치 현상	명연하여	분별할 수	없음이나
열 부처님	보현보살	대상인의	경계일세.
부처님의	해인삼매	자재하게	들어가서
불가사의	여의주를	마음대로	들어내니

無量遠劫卽一念　　一念卽是無量劫
九世十世互相卽　　仍不雜亂隔別成
初發心時便正覺　　生死涅槃常共和
理事冥然無分別　　十佛普賢大人境
能仁海印三昧中　　繁出如意不思議

중생 위한	보배비가	온 허공에	가득하여
중생들은	그릇대로	모두 이익	얻게 되네.
그러므로	수행자가	본래자리	돌아갈 제
망상심을	쉬잖으면	그 자리에	못 가리니
분별 없는	좋은 방편	마음대로	구사하고
본래 집에	돌아갈 제	분수 따라	자량 얻네.
신령스런	다라니의	한량없는	보배로써
온 법계를	장엄하여	보배궁전	이루어져
진여실상	중도 자리	오롯하게	앉았으니
옛 적부터	동함 없이	부처라고	이름하네.

雨寶益生滿虛空　衆生隨器得利益
是故行者還本際　叵息妄想必不得
無緣善巧捉如意　歸家隨分得資糧
以陀羅尼無盡寶　莊嚴法界實寶殿
窮坐實際中道床　舊來不動名爲佛

◎ 소대의식 (燒臺儀式)

문밖에 나와서 전송하나니

오늘 천도 받은 ○○○영가시여

그리고 함께 오신 여러 영가시여

영가를 위시하여 지난 세상에 먼저 돌아가신 부모,

다생의 스승님, 가깝고 먼 친척 등

여러 영가와 이 도량 안과 밖의 영가, 윗대와 아랫대,

주인 있고 주인 없는 외로운 영혼을 비롯한

각각의 모든 영가시여.

燒臺儀式

今此 至極精成 某日齋後 位牌門外 奉送齊者
某處 居住 行孝子 某人 等伏爲
先嚴父 某人 靈駕
今日靈駕爲主 上逝先亡 曠劫父母 多生師長
累代宗親 遠近親戚 弟兄叔伯 姉妹姪孫
一切親屬等衆 各 列名靈駕 此 道場內外
洞上洞下 有主無主 雲集孤魂 非命厄死
一切哀魂等衆 各 列名靈駕

지금까지 시식하고 독경을 하며
일심으로 염불공덕 갖추었으니
집착했던 망연들을 여의었습니까?
여의었으면 천당극락 뜻대로 가고
여의지 못했으면 다시 들으소서.

사대를 바라보니 꿈 속과 같고
육진이며 알음알이 본래 공이라,
부처님 조사님 광명자리 알려 하는가.
서산에는 해가 지고 동녘에 달이 뜨네.

上來 施食諷經 念佛功德
離妄緣耶 不離妄緣耶 離妄緣
則 極樂佛刹 任性逍遙 不離妄緣則
且聽山僧 末後一偈

四大各離如夢中 六塵心識本來空
欲識佛祖回光處 日落西山月出東

시방삼세일체불
제존보살마하살
마하반야바라밀

가서 나리, 가서 나리, 극락세계 가서 나리
아미타 부처님 친견하고 마정수기 받으리다.

가서 나리, 가서 나리, 미타회상 머물면서
향과 꽃을 손에 들고 항상 공양하오리다.

가서 나리, 가서 나리, 화장세계 가서 나서
모두 함께 한순간에 불도를 이루오리다.

念 十方三世 一切諸佛
諸尊菩薩 摩訶薩 摩訶般若波羅
願往生 願往生 願生極樂見彌陀 獲蒙摩頂授記：
願往生 願往生 願在彌陀會中坐 手執香華常供養
願往生 願往生 往生華藏蓮華界 自他一時成佛道

소전진언 (燒錢眞言)

옴 비로기제 사바하 (3번)

봉송진언 (奉送眞言)

옴 바아라 사다 목차목 (3번)

상품상생진언 (上品上生眞言)

옴 마리다리 훔훔 바탁 사바하 (3번)

보회향진언 (普回向眞言)

옴 사마라 미만나 사라마하 자가라 바 훔 (3번)

나무환희장마니보적불
南無歡喜藏摩尼寶積佛

나무원만장보살마하살
南無圓滿藏菩薩摩訶薩

나무회향장보살마하살
南無回向藏菩薩摩訶薩

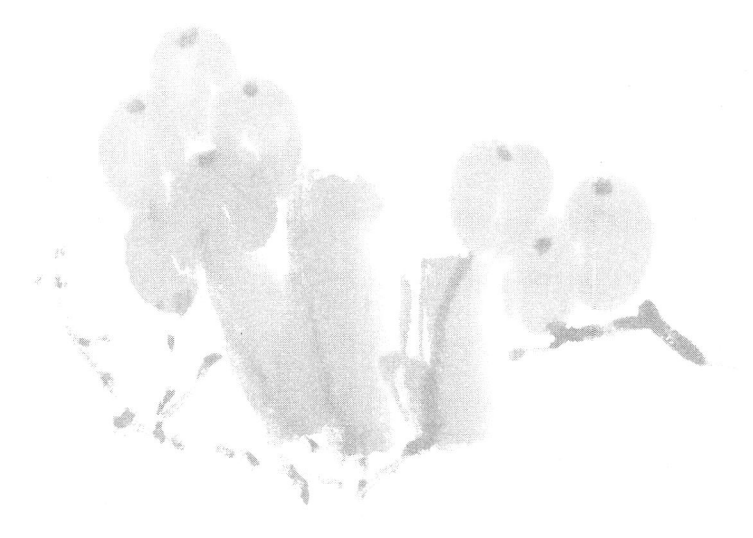

불설아미타경 (佛說阿彌陀經)

이와 같이 내가 들었다.

어느 때 부처님께서 천이백오십인의 비구들과 함께 사위국 기원정사에 계시었다.

그들은 모두 덕이 높은 큰 아라한들이었다. 즉 장로사리불, 마하목건련, 마하가섭, 마하가전연, 마하구치라, 리바다, 주리반타가, 난다, 아난다, 라후라, 교범바제, 빈두로파라타, 가류타이, 마하겁빈나, 박구라, 아누루다와 같은 큰 제자들이었다.

이 밖에 법의 왕자인 문수사리를 비롯해 아일다보살, 건타하제보살, 상정진보살 등 큰 보살과 석제환인 등 수많은 천인들도 자리를 같이 했었다.

그 때 부처님께서 장로 사리불에게 말씀하셨다.

"여기에서 서쪽으로 십만억 불국토를 지나간 곳에 극락이라고 하는 세계가 있다. 거기에 아미타불이 계시어 지금도 법을 설하신다.

사리불이여, 저 세계를 어째서 극락이라 하는 줄 아는가? 거기에 있는 중생들은 아무 괴로움도 없이 즐거운 일만 있으므로 극락이라 하는 것이다.

그리고 사리불이여, 극락세계에는 일곱 겹으로 된 난간과 일곱 겹으로 된 나망(羅網: 구슬로 장식된 그물)과 일곱 겹으로 된 가로수가 있는데, 금·은·청옥·수정의 네 가지 보석으로 눈부시게 장식되어 있다.

극락세계에는 또 칠보로 된 연못이 있고 그 연못에는 여덟 가지 공덕의 물로 가득 찼으며, 연못 바닥은 금모래가 깔려 있다.

연못 둘레에는 금·은·청옥·수정의 네 가지 보석으로 된 네 개의 층계가 있고 그 위에는 누각이 있는데 금·은·청옥·수정·적진주·마노·호박으로 찬란하게 꾸며져 있다.

그리고 그 연못 속에는 수레바퀴만한 연꽃이 피어, 푸른 빛에서는 푸른 광채가 나고 누런 빛에서는 누런 광채가 나며 붉은 빛에서는 붉은 광채가 나고 흰 빛에서는 흰 광채가 나는데 참으로 아름답고 향기롭고 정결하다.

사리불이여, 극락세계는 이와 같은 공덕장엄으로 이루어졌느니라.

사리불이여, 또 저 불국토에는 항상 천상의 음악이 연주되고 대지는 황금색으로 빛나고 있으며 밤낮으로 천상의 만다라 꽃비가 내린다.

그 불국토의 중생들은 이른 아침마다 바구니에 여러가지 아름다운 꽃을 담아 가지고 다른 세계로 다니면서 십만 억 부처님께 공양하고 아침식사 전에 돌아와 식사를 마치고 산책한다.

사리불이여, 극락세계는 이와 같은 공덕장엄으로 이루어졌느니라.

또 그 불국토에는 아름답고 기묘한 여러 빛깔을 가진 백학·공작·앵무새·사리새·가릉빈가·공명조 등이 밤낮을 가지리 않고 항상 화평하고 맑은 소리로 노래한다.

그들이 노래하면 오근과 오력과 칠보리분과 팔정도를 설하는 소리가 흘러나온다. 그 나라 중생들이 이 소리를 들으면 부처님을 생각하고 법문을 생각하며 스님들을 생각하게 된다.

 사리불이여, 이 새들이 죄업으로 생긴 것이라고는 생각하지 말라. 왜냐하면 그 불국토에는 지옥·아귀·축생 등 삼악도(三惡道)가 없기 때문이다. 거기에는 지옥이라는 이름도 없는데 어떻게 실제로 그런 것이 있겠는가.

 이와 같은 새들은 법분을 설하기 위해 모두 아미타불께서 화현으로 만드신 것이다. 그 불국토에서 미풍이 불면 보석으로 장식된 가로수와 나망에서 아름다운 소리가 나는데, 그것은 마치 백천 가지 악기가 합주되는 듯하다. 이 소리를 듣는 사람은 부처님을 생각하고 법문을 생각하며 스님들을 생각하는 마음이 저절로 우러난다. 사리불이여, 극락세계는 이와 같은 공덕장엄으로 이루어졌느니라.

 사리불이여, 그 부처님을 어째서 '아미타불'이라 부르는지 아는가?

 그 부처님의 광명이 한량없어 시방세계를 두루 비추어도 조금도 걸림이 없기 때문이다.

 또 그 부처님의 수명과 그 나라 인민의 수명이 한량 없고 끝이 없는 아승지겁으로 아미타불이라 한다.

아미타불이 부처가 된 지는 벌써 열 겁(十劫)이 지났다.

사리불이여, 그 부처님에게는 헤아릴 수 없이 많은 성문 제자들이 있는데 모두 아라한들이다. 어떠한 숫자로도 그 수효를 헤아릴 수 없으며, 보살 대중의 수도 또한 그렇다. 사리불이여, 극락세계는 이와 같은 공덕장엄으로 이루어졌느니라.

사리불이여, 극락세계에 태어나는 중생들은 다 보리심에서 물러나지 않는 이들이며, 그 가운데는 일생 보처에 오른 이들이 많아 숫자와 비유로도 헤아릴 수 없고 다만 무량수변 아승지로 표현할 수밖에 없다.

이 말을 듣는 중생들은 마땅히 서원을 세워 저 세계에 가서 나기를 원해야 할 것이다. 왜냐하면 거기 가면 그와 같이 으뜸가는 사람들과 함께 모여 살 수 있기 때문이다.

사리불이여, 조그마한 선근이나 복덕의 인연으로는 저 세계에 가서 날 수 없느니라.

선남자 선여인이 아미타불에 대한 이야기를 듣고 하루

나 이틀 혹은 사흘 나흘 닷새 엿새 이레 동안 한결같은 마음으로 아미타불의 이름을 외우되 조금도 마음이 흐트러지지 않으면 그가 임종할 때에 아미타불이 여러 거룩한 분들과 함께 그 사람 앞에 나타날 것이다. 그가 목숨을 마칠 때에 생각이 뒤바뀌지 않으면 아미타불의 극락세계에 왕생하게 될 것이다.

사리불이여, 나는 이러한 도리를 알고 그와 같은 말을 한 것이니 어떤 중생이든지 이 말을 들으면 마땅히 저 국토에 가서 나기를 원해야 한다.

사리불이여, 내가 지금 아미타불의 한량없는 공덕을 찬탄한 것처럼, 동방에도 아촉비불·수미상불·대수미불·수미광불·묘음불이 계신다.

이러한 수없는 부처님들이 각기 그 세계에서 삼천대천세계에 두루 미치도록 진실한 말씀으로 법을 설하시나니 너희 중생들은 불가사의한 공덕을 찬탄하고 모든 부처님이 한결같이 보호하심을 믿어야 하느니라.

사리불이여, 남방세계에도 일월등불·명문광불·대염견

불·수미등불·무량정진불이 계신다.

이러한 수없는 부처님들이 각기 그 세계에서 삼천대천 세계에 두루 미치도록 진실한 말씀으로 법을 설하시나니 너희 중생들은 불가사의한 공덕을 찬탄하고 모든 부처님이 한결같이 보호하심을 믿어야 하느니라.

사리불이여, 서방세계에도 무량수불·무량상불·무량당불·대광불·대명불·보상불·정광불이 계신다.

이러한 수없는 부처님들이 각기 그 세계에서 삼천대천 세계에 두루 미치도록 진실한 말씀으로 법을 설하시나니 너희 중생들은 불가사의한 공덕을 찬탄하고 모든 부처님이 한결같이 보호하심을 믿어야 하느니라.

사리불이여, 북방세계이도 염견불·최승음불·난저불·일생불·망명불이 계신다.

이러한 수없는 부처님들이 각기 그 세계에서 삼천대천 세계에 두루 미치도록 진실한 말씀으로 법을 설하시나니 너희 중생들은 불가사의한 공덕을 찬탄하고 모든 부처님이 한결같이 보호하심을 믿어야 하느니라.

사리불이여, 하방세계에도 사자불·명문불·명광불·달마불·법당불·지법불이 계신다.

이러한 수없는 부처님들이 각기 그 세계에서 삼천대천세계에 두루 미치도록 진실한 말씀으로 법을 설하시나니 너희 중생들은 불가사의한 공덕을 찬탄하고 모든 부처님이 한결같이 보호하심을 믿어야 하느니라.

사리불이여, 상방세계에도 범음불·수왕불·향상불·향광불·대염견불·잡색보화엄신불·사라수왕불·보화덕불·견일체의불·여수미산불이 계신다.

이러한 수없는 부처님들이 각기 그 세계에서 삼천대천세계에 두루 미치도록 진실한 말씀으로 법을 설하시나니 너희 중생들은 불가사의한 공덕을 찬탄하고 모든 부처님이 한결같이 보호하심을 믿어야 하느니라.

사리불이여, 이 경을 가리켜 어째서 모든 부처님들이 한결같이 보호하는 법문이라 하는 줄 아는가?

선남자 선여인들이 이 법문을 듣고 받아지니거나 부처님의 이름을 들으면 모든 부처님의 보호를 받아 바른 깨달음에서 물러나지 않기 때문이다.

그러므로 그대들은 내 말과 여러 부처님의 말씀을 잘 믿으라.

사리불이여, 어떤 사람이 아미타불의 세계에 가서 나기를 이미 발원하였거나 지금 발원하거나 혹은 장차 발원한다면 그는 바른 깨달음에서 물러나지 않고, 그 세계에 벌써 났거나 혹은 장차 날 것이다.

그러므로 신심이 있는 선남자 선여인은 마땅히 극락세계에 가서 나기를 발원해야 할 것이다.

사리불이여, 내가 지금 여러 부처님의 불가사의한 공덕을 칭찬하듯이, 저 부처님들도 또한 나의 불가사의한 공덕을 칭찬하실 것이다.

'석가보니 부처님이 어렵고 희유한 일을 하셨다.

시대가 흐리고, 견해가 흐리고, 번뇌가 흐리고, 중생이 흐리고, 생명이 흐린 사바세계의 오탁악세(五濁惡世)에서 바른 깨달음을 얻고 중생들을 위해 세상에서 믿기 어려운 법을 설한다'고 하신다.

사리불이여, 내가 이 오탁악세에서 갖은 고행 끝에 바른 깨달음을 얻고, 모든 새상을 위해 믿기 어려운 법을 설하는 것은 결코 귀운일이 아님을 알아라."

부처님이 이 경을 말씀해 마치니, 사리불과 비구들과 모든 세간의 천인 아수라들도 부처님의 말씀을 듣고 기뻐하면서 예배하고 물러갔다.